U1008396

理才丛书 —— 人才互联的力量

丛书主编：黄树辉

聚才增值

—— 互联时代的社交化招聘

陈　谏
叶曙光 ◎ 著
符钰彩

企业管理出版社
ENTERPRISE MANAGEMENT PUBLISHING HOUSE

图书在版编目（CIP）数据

聚才增值：互联时代的社交化招聘 / 陈谏，叶曙光，符钰彩著 .—北京：企业管理出版社，2016. 1

（理才丛书 . 人才互联的力量）

ISBN 978-7-5164-1185-8

Ⅰ. 聚… Ⅱ. ①陈…②叶…③符 Ⅲ. ①企业—人才—招聘 Ⅳ. ① F272.92

中国版本图书馆 CIP 数据核字（2016）第 005572 号

书　　名：聚才增值——互联时代的社交化招聘
丛书主编：黄树辉
作　　者：陈　谏　叶曙光　符钰彩
责任编辑：刘一玲　崔立凯
书　　号：ISBN 978-7-5164-1185-8
出版发行：企业管理出版社
地　　址：北京市海淀区紫竹院南路 17 号　　**邮　　编**：100048
网　　址：http：//www. emph. cn
电　　话：总编室 68701719　发行部 68414644　编辑部 68701322
电子信箱：80147@sina.com　zbs@emph. cn
印　　刷：虎彩印艺股份有限公司
经　　销：新华书店
规　　格：710 毫米 ×1000 毫米　16 开本　11.25 印张　150 千字
版　　次：2016 年 1 月第 1 版　　2016 年 1 月第 1 次印刷
定　　价：42.00 元

版权所有　翻印必究 · 印装有误　负责调换

从 书 序

基于人力资源管理思维的“以人为本、人力资本”的概念，很多年前就被提及与重视，并为众多管理者所推崇。

然而，时至今日，能够实现“以人为本、人力资本”的企业却寥寥无几。大家都在“以人为本、人力资本”的旗帜下继续着“人力管理”的旧路。

目前市场上流行的人力资源管理信息系统，其设计思路基本上来源于：

- 中国传统的行政、人事型的事务性管理方式；
- 西方人力资源管理的选、育、用、留理论体系；
- 办公自动化（流程）与数据库管理的信息技术。

近几年，不管是人力资源管理的业务模式，还是信息技术的实现方法，均发生了巨大的变化。于是，业界试图用最先进的技术设计出最优秀的人力资源信息化系统。虽然人力资源信息化系统正在业界的共同努力与探索下日趋完善，为管理者带来了方便，为企业带来了效益，但始终没有突破上述设计思路，只是从技术手段、内容模块、管理需求等方面进行了大量改良，而与大家理想中的“以人为本、人力资本”相差甚远。

随着云计算、移动互联等新技术、新应用几乎渗透到每个角落，人力资源信息化领域被掀起一阵狂澜。在实际管理与信息系统范围内，“云平台、云管理、云应用”等概念与产品铺天盖地，结果也让人眼花缭乱、云里雾里。

为什么对人才的管理仍然举步维艰？为什么现代技术对人力资源管理的积极影响有限？

我们认为主要是下述原因：

• 重“管理”。对人、人事、人力资源等对象，特别重视施行管理，这样导致对人力资源管理领域的运营模式墨守成规。

• 重“技术”。当一切管理进入数字化信息时代，大家过于重视通过技术手段来实现人力资源业务管理，这样就造成了本末倒置，让人力资源业务管理处处受制于相对固化、滞后的人力资源信息产品。

如何突破“管理”的枷锁？如何突破“技术”的瓶颈？

这些年我们一直在思考、探索与研究中西方人力资源管理领域的典型案例、衍化过程、发展趋势，并不断论证与实践。

随着时代的发展，社会变了、环境变了、人文变了、技术变了，人力资源管理也需改变。本着与同行分享与交流之目的，我们把对人力资源管理领域的浅薄见解整理成系列丛书，供大家参阅。

一、丛书核心思想

丛书的核心思想就是突破“管理”枷锁，通过“理才”方式淡化“管人”习惯，借助云计算技术，实现理才运营的移动互联，最终全面突破原有人力资源管理领域的业务与应用的模式，在新商业模式中探索一系列新的策略、工具与方法。

• 理才。改变过去“管人”的理念、行为与机制，提出“理才”的思想，以实现“以人为本、尊重人才”，挖掘、盘活、发挥人才的潜能与价值，“人才价值、人才增值、价值变现”是贯穿丛书的主线。

• 互联。一是实现人力资源管理领域内各模块间的业务关系的互联；二是以企业业务价值链为基础，通过领域、行业、外部业务关系寻找各种团队形成、发展的属性，实现团队各层次管理和运营的互联。

• 颠覆。一是对在人力资源管理领域的业务模式进行创新、突破；二是对人力资源管理信息系统的设计、应用与发展趋势进行大胆的预测、颠覆。

二、丛书内容简介

丛书围绕“理才、互联、颠覆”之核心思想，以“人才价值、人才增值、价值变现”为主线，分为“理才布局、任职资格、能力管理、聚才增值、碎片式学习、卓越绩效、精准薪酬、企业团队与文化、人才互联的力量”等九个主题展开论述，各主题的内容简介如下：

1. 理才布局

剖析企业在进行人力资源规划时陷入“无规划有计划、有规划无效果、无规划无计划”的误区与存在的苦恼，突破业界关于人力资源管理的定式与局限，进而提出更为彻底、更为专业、更为有效的人才运营理念、模式与方法。

理才布局，通过突破“管人”、强调“理才”、聚焦“资本”、变现价值、打造合作、借力互联等核心思想，提出“提高度、绘蓝图、定策略、布人才、建模型、设平台”等六大布局。从理才业务蓝图、人才资本、人才编制、人才成本、数据模型等方面进行全面、系统的分析与阐述，并紧密结合云计算技术、移动应用、互联模式，打造全新的理才信息化互联平台与应用。

2. 任职资格

当前各种各样的任职资格标准共同的缺陷就是来源于看似深

奥实为呆板的能力素质模型，以此针对职位要求、人才水平进行评估，必然导致结果抽象、复杂、形式化，让投入很多精力、时间、成本的任职资格管理收效甚微。

任职资格管理，通过分析人才价值，形成人才价值链，结合企业核心业务的分解，提炼出最为基本的工作项，然后将相对长期、固定、类似的工作项组成具体职位，再根据工作项的任职要求，形成任职资格标准体系，并按照标准进行管理和评估。这种管理创新，既解决了任职资格标准与评估的依据，也改变了目前“以岗定责”“先挖坑再种萝卜”“有能力无价值”的定式，代之以“以工作项定职位”“先有萝卜再挖坑”“由价值评估能力”。

3. 能力管理

时下的能力管理，主要聚焦于能力素质标准设计与能力水平的评估，但在实际应用中，它又显得如此无能为力。主要由于能力素质标准与实际业务要求并不匹配，能力提升的布局与企业发展脱钩，人才的能力水平难以客观、准确地评估，人才能力的获取方法太单调、途径过于封闭。

能力管理，超越传统的能力素质定位，从培养、获取人才竞争力的高度，通过人才突出能力超越值分析、团队成员缺乏能力分析、未来业务发展趋势分析，挖掘与发挥人才潜力，引入人才竞争力与投资回报率评估，设计标准的人才竞争力测量模型，最终形成人才能力指标，指导人才与团队竞争力的布局。这便于企业在核心业务或工作项发生变化时，提前部署适应这种多元变化的复杂团队组合。

4. 聚才增值

企业招不到人才，人才找不到工作，似乎是人才需求与市场供给永恒的尴尬。是一成不变的人才招聘与甄选方式有问题，或是人才的评估与培养没效果，还是人才的使用与配置不合理？

聚才增值，立足于人才的价值性，引入人才投资理念，根据企业对人才的投入，以及对人才自身价值增长的预测，指导人才的获取。投资式人才获取，通过把工作项与任职要求关联，把工作项与职位关联，进而把任职要求与职位关联，最终实现工作项、职位与人才的多重匹配。在这个多重匹配的基础上，针对人才当前的价值进行评估，预测人才的价值增长情况，然后得出企业投资人才所产生的人才本身的增值与企业收益，并根据不同人才的优势挖掘，形成团队的最佳组合。

5. 碎片式学习

“食之无味，弃之可惜”是很多企业对培训的第一感觉。业务部门说浪费时间，老板说花钱不见效果，培训部门则做也不是、不做也不是，如两头受气的小媳妇。那种传统课堂和被迫式的学习，越来越众口难调。随着时代、社会的变化，人们也在变化，“心情浮躁、目的功利、文化快餐、竞争激烈、身心疲惫”反映了人们生活与工作中的心态、行为与习惯所受到的影响。

碎片式学习，借助移动互联的平台与应用，提出碎片式的学习方法，即把培训体系、培训活动、培训课程碎片化，学习内容、学习时间、学习方式碎片化，通过微课堂、微社区、微信、微博等新兴的互联短片与快餐，突破时空限制，达到个性化、团队化、移动化的自我修炼与成长。

6. 卓越绩效

在整个管理界，能够动人心弦的，莫过于声势浩大的绩效管理了。然而，绩效管理到底能为企业带来什么？绩效管理的方法是否合理？这些问题越来越引发管理界的深思与探究。

卓越绩效，根据企业经营业务的核心价值领域、核心价值指标进行分析，设计企业价值模型，形成企业价值链。然后根据经济增加值在业绩评估体系中如何实现，在投资回报预测的范畴内，考虑人才、团队能力的增加值，划分出不同业务策略实现的途径，并通过业绩、差距分析来回归业务策略的科学性、合理性。通过“27相业绩结果”应用模型与方格分析，进行个人与团队的全面业绩与价值评估，最终实现企业与个人合作共赢的卓越绩效。

7. 精准薪酬

企业的低成本意识和员工的高待遇期望仿佛永远无法平衡。“稳定”的工作和“满意”的待遇相信是绝大多数员工的追求，但如何评判“满意”，达到什么样的薪酬水平员工才能满意，员工满意了企业是否满意，都是摆在我们面前的问题。

精准薪酬，以人才价值贡献、企业投资收益为核心，剖析企业经济增加值与个人收益、成长、环境之间的关系，结合不同人才、不同工作项的差异点、优势点，设计对应的收益分配模式、特殊激励模式，并分析、对比与指导多种、全面、精准的薪酬分配与激励模式在不同的行业、发展阶段、管理环境中具体运用。

8. 企业团队与文化

不管是什么组织类型，似乎永远满足不了企业的发展与变化；不管是什么企业文化，似乎一直是那么“高大上”而不接地气。于是，组织的调整与文化的变革成了企业长期以来需要投入大量精力与时间的活动。

企业团队与文化，通过多象限组织、拉力式组织的形式，彻底颠覆组织结构的设计思路，打造企业团队，走出目前组织低效的困境。当企业组织变成企业团队后，带有新时代特点的企业社区企业文化，涵盖了社会环境对企业文化的冲击，企业所在行业的情况对企业文化的影响，企业投资者和具有实际控制权的高管们对企业文化留下的烙印，不同年代的员工因成长经历、阅历与个性的差异对企业文化的不同理解；阐述了传统观念与现代理念的融合，中华智慧与西方管理思想的融合，不同团队、企业重组带来的不同行事风格的融合，企业高层、中层、基层之间的融合。

9. 人才互联的力量

在云计算技术日益成熟、移动应用成为趋势、互联模式无所不在的今天，颠覆传统的人力资源管理信息化系统，打造全新的理才信息化互联平台与应用，是必然的发展趋势。

人才互联的力量，借力互联，通过技术互联、平台互联、应用互联，实现人才工作方式的弹性化、碎片化，达到史无前例的人才信息互联，形成庞大、真实的人才大数据。在人才大数据的基础上，真正实现从“管人”到“理才”、从“使用”到“运营”、从“资源”到“资本”、从“成本”到“价值”的转变。

三、读者群体

丛书主要适合各类企业中从事人力资源管理的各层级人员、带领团队的各层级管理人员阅读，可供人力资源管理相关专业类院校的师生研习，也可供政府、事业单位的工作者参考。

四、结　语

本拙作，虽然倾注了我们著书团队的智慧与心血，但可能还存在一些问题与疏漏，就当作抛砖引玉，恳请同行们批评指正，期待后续同行们为我们带来更多的智慧。

我们的研究有幸起源于这个商业模式的时代，“以人为中心”

的互联网经济将促使我们采用创新的、跨界的、更加专业的思维来调整我们的管理体系，任何困惑与质疑都阻挡不了这个趋势，我们一直在路上。

陈谏　黄树辉

2015年10月

前　言

关于人的管理，从人事管理到人力资源管理，从人力资源管理到人力资本管理，包括管理的思维、策略、手段、方法、范畴、对象和焦点等，均在发生巨大的改变。

关于人的定位，从人力到人才，从资源到资本，不断诠释着人在企业经营中的重要性，而“人才”更在企业经营中发挥着举足轻重的作用。

在瞬息万变、信息爆炸的时代，云计算技术日益成熟，移动互联无处不在，大数据横空出世，人才成就与主宰了这些天翻地覆的变化。

企业经营的布局、市场资源的竞争、产业技术的革命、商业模式的颠覆，一系列的商业活动，都由人才发起，也由人才展开各种智慧的较量。

于是，企业的兴、衰、存、亡，不再是资金独占鳌头，不再是市场独定乾坤。翻云覆雨间，是人才跨越了定式、跨越了时空、跨越了边界；是企业根据人才的思想、行为、习惯、能力、素质对人才进行不同的职业定位，以互联平台、理才运营的方式实现了人才的不同价值。而企业与企业之间、企业与人才之间、人才与人才之间却通过一条共同的价值链实现了大融合、大互联。

在这种大背景下，新生代人才张扬的个性及多元化发展的价值观，移动互联技术带来的管理升级及全社会的思维模式重构，都为人才招聘的管理创新带来新的困境，同时也带来了涵盖理念、工具和流程的全方位的挑战。于是，企业如何有效聚才并实现增值，成为人力资源管理领域重大的管理课题。

无论信息技术如何发展，管理的内核其实都不会发生根本性的改变。新技术、新工具只是为管理升级提供更为先进的支持。正是基于这一理念，本书从聚才的角度，试图构建科学有效的招聘管理体系，并将工作分析和评价视为聚才的基石，人才素质测评视为增值的利器，从而帮助企业搭建完善的聚才增值管理系统。

企业是人才的聚集地，也是人才展现自身价值最重要的场所。本书不以传统的雇佣关系来定位人才和企业的关系，而是从多象限化的组织生态出发，视员工为组织中一个个独立的经营单元，并承担自组织中的决策者角色，以“类企业家”的姿态经营组织和开展业务，从而契合国家“全民创业、万众创新”的时代号召。同时，企业还需要承担资本运营者的职责，帮助人力资本不断增值，通过推动人才资本的价值提升，实现企业价值的不断增长。

移动互联技术以云计算、大数据、社交化为核心支撑，引领着产业互联网的发展潮流，也同样引领着聚才增值要实现管理创新的方向，而基于圈子的社交化招聘，已经而且必将成为人才招聘最主要的管理模式。社交化招聘可以充分借助人才互联的网络生态，实现个性化、精准化的人才招聘，并显著降低招聘成本，大幅提高招聘效果。大数据化也已经渗透到管理的方方面面，成为诸多管理模式和管理技术转型升级的强力支撑，招聘管理也不例外，比如在简历筛选、人才评估、背景调查、数据挖掘、行为分析等方面，处处都可以看到大数据的身影，帮助企业在人才招聘和甄选中作出尽可能正确的决策。

目　录

第一部分　聚才增值的发展趋势

第二部分　突破聚才增值的瓶颈

第三部分　穿越时空的体验

第一部分　聚才增值的发展趋势

随着社会的发展和进步，招聘的渠道越来越多样化，比如各式各样的招聘网站、专业的猎头公司、时尚的微信、微博等各种新媒体、形形色色的社交圈等，只要能传播信息，都可以被企业用来作为招聘的渠道。

然而，企业招不到人才，人才找不到工作的尴尬情况，并没有从根本上得到改善。一方面是求贤似渴的企业；一方面则是苦寻伯乐的人才，究竟是什么原因，导致这个供需关系始终不能得到平衡呢？

一、新生代人才的差异化

目前企业员工的年龄结构，基本以“80后”和“90后”为主，尤其是“90后”新生代员工，他们的思维方式、价值取向、行为特征等，均突破了我们的传统认知，处处显示出新潮、创新、张扬和突破。对于这些新生代员工，采用传统的招聘手段和方式，往往很难招到合适的人才，即使找到了，采用传统的管理手段，往往也留不住人。

新生代人才整体上具有良好的精神风貌、较高的文化知识和较强的发展潜质，在行为和思想上带有明显的时代特点，比如个性张扬观念开放。与正在迈入而立之年的第一代独生子女“80后”不同，“90后”成长在中国社会的“黄金时代”和“网络纪元”，具有经济腾飞、物质丰富、互联网普及的时代特色。而且“90后”自小受西方文化的熏染，个性显得张扬，思想较为开放。他们身上的文化呈现出多元性，不迷信权威，不墨守成规，具有相当的创新性和创造力。

由于受到大学扩招等政策影响，以及社会教育资源持续性的大力投入，“90后”人才是迄今为止个体素质最高的群体，基本都具有大专及以上学历，具有较高的适应性和一定的学习能力。在当今知识爆炸、变革创新的时代，具有一定文化基础的庞大人才群体，无疑是最具竞争力的人力资源。

另外，由于网络生活时刻相伴。微信、QQ、E-mail、博客、微博、团购、淘宝、百度等网络工具，在给人们带来巨大的信息量和新的生活模式的同时，正在改变人们对于世界的看法，尤其极大地影响了“90后”人才的行为模式乃至价值取向，比如他们漠视传统强调自我，强调公正注重维权，缺乏刻苦奉献精神，面对挫折和压力的承受力差，容易情绪波动，对企业的满意度和认同度下降，人才流动性大等。

二、移动互联技术的迅猛发展

随着互联网技术的不断发展，互联网平台降低了信息导入成本的同时，却造成信息大量的堆积，极大地提高了信息处理所需的成本。当信息变得越来越多，如果不能从海量数据中寻找到有价值的信息，反而会让企业招聘的工作变得日益繁重，并进入降低招聘效率。

网络招聘带来的简历数量和简历质量之间的不匹配日益成为企业招聘者巨大的工作负担。一方面企业对每份简历进行能力分析和比较变得困难，与此同时，企业又被迫耗费大量时间成本用于筛选合格的职位申请人。

企业面临这样的困局，求职者也同样如此，面对海量的工作机会却无法作出最终的选择。另外，由于通过网络可以无成本投放简历，求职者虽然大量投出简历，效果却非常低。为了寻找到心仪的工作，或者追求更高的概率，求职者会发出更多的工作申请。

由于网络的便捷、覆盖面的广泛，海量无用信息充斥在企业内部简历库、外部简历库、招聘广告社交网络等平台。企业为了找到合适的人，必须浪费无数时间在这些无用信息中筛选，而也因为海量信息让求职者不得不更多地投递简历以提高被关注的概率。这恶性循环会导致无用信息越来越多，企业方和求职者都会付出巨大的精力和时间成本，并让网络招聘变得更加低效。

海量信息带来的困局已经成为业界所有专家关注的焦点，并且已经意识到信息时代的招聘是把双刃剑，提升了简历投递的便捷度，却也造成了海量无用信息带来的困扰。近年网络招聘行业也开始摸索解决方法，比如基于社交圈的微招聘、人脉招聘等新模式开始兴起，就是有益的行业探索。这些新模式在其细分领域可以一定程度上提升招聘效率。但仅仅靠这种新模式，还不能彻底解决海量无用信息的处理，需要更深入到技术层面，建立基于大数据的管理模型，以便从根本上解决海量数据的挖掘、分析和应用。

可以说，新生代人才的差异化对传统招聘模式的颠覆，以及移动互联技术的迅猛发展对传统招聘技术的颠覆，都从根本上导致聚才增值陷入困境，需要人力资源管理者改变旧有的招聘思维，顺应时代发展的潮流，从移动互联的思维和角度建立最佳的招聘模式，为企业寻找更多更合适的人才。

第一章　聚才面临的困境

中国放开持续了三十年的计划生育政策，已经预示着即将进入老龄化社会，中国的人口红利正在逐步淡去，企业以后面临的困境，不仅有选才难，还有找才难。

新生代人才的个性、行为和思维差异，也让企业觉得现在的求职者胃口越来越高，面试可选的余地已经大不如从前。即使把人招聘进来了，管理起来也非常困难，甚至有些员工做不了几天就有可能走人。

一、招聘的困境

在企业管理中，“选人、用人、育人、留人”构成了现代企业人力资源管理的四大基本职能，作为四大职能之首的人员招聘和选拔直接影响企业人力资源的输入和引进质量。当前人力资源配置的社会化市场化程度不断加深，员工招聘在企业人员补充方面的作用也日益突出，怎样及时找到合适人才、提高用人部门的满意度和减少新进员工的离职率，是任何企业都在招聘工作中面临的巨大挑战。

企业招聘的现状，概括说来有如下几点：

（一）招聘观念偏差

很多企业的管理人员可能还没有认识到招聘工作的重要性，有些人员甚至认为招聘只与人力资源部门有关，自己只需要提交用人需求。

从大人力资源观出发，每个管理者实际上都是人力资源经理，都承担着下属的选人、用人、育人、留人的职责，所以招聘同样也是各级管理者理所当然的重要职责。只有找到合适的人才，才能建立更高效的团队。很多企业的招聘，都是人力资源部门的独角戏，实际上忙乎了半天，最后结果不一定得到用人部门的认可，甚至会出力不讨好。

从业务关联性出发，人才是否合适，真正的话语权应该是各级管理者，因为管理者才是人才的最终使用者，也最深刻知道什么素质的人才最适合该岗位的需要。人力资源部门的主要职责集中在人才收集和初步判断上，并为聚才增值全过程提供服务，而涉及专业的判断，一般都需要管理者的配合。

人才合适与还否将直接关系到工作如何安排和团队绩效高低。所以，各级管理者不仅需要参与到招聘，而且还是招聘真正的主导者。

（二）人才定义偏差

企业要进行聚才增值，就应当明确企业人才的概念。所谓企业人才，是指有一技之长，能承担企业经营、管理、生产组织、技术开发及关键重要岗位任务，为企业所用的德才兼备的人。

目前，我国企业对人才的理解存在两大误区，首先，是将人才简单理解为高学历、深资历，认为应聘者的学历越高越好，工作经验越丰富越好。在这种人才概念指导下的招聘，容易导致人员水平和能力与岗位不相匹配，容易产生高配现象。比如某些企业要求前台文员都必须是研究生，显然就是人才的极大浪费。对于人才的衡量标准来说，学历、资历都只是过去状态，企业还应更加关注重人才的其他方面的重要能力，比如创新能力、学习能力、团队协作能力、组织管理能力等。对于互联网企业来说，创新能力往往是企业人才资源真正的核心价值所在。很多具有创新精神的人才，学历往往不高，比如比尔·盖茨连大学都没有毕业，却能缔造几乎统一全球电脑桌面的微软帝国，并多次荣登世界首富。其次，很多企业招聘的时候，希望人才哪方面都素质高，用人求全，要求过高。不能否认，各方面素质能力强的人相对于能力素质差的人来说更有优势，但是这样的人才不可能多到可以让企业随便挑选的地步。另外，能力和岗位不匹配，也很容易让人才产生怀才不遇的心理，容易打消人才的积极性，并会引发人才流动。

（三）招聘需求偏差

企业在招聘之前，应当确定人员需求计划，以使招聘工作有个依据。员工需求量不仅是当前所急需量，而且还包括企业为自身的长远发展而建立的人才储备库。而实施人力资源规划正是满足人员需求计划的一项基础性工作。企业在实施人力资源规划时应当强调动态观念，从长远着眼，考虑组织目标及其长期利益，并没有动态的、系统性的人力资源规划做前提，仅仅凭着企业当前人员需求，盲目开展工作。

很多企业可能并没有建立规范的招聘体系，只是用人部门出现岗位需求时，才会被动式响应并启动招聘工作。这类企业一般都没有长远的人力资源规划，不能系统性地对人才需求进行提前预测，这就容易导致在招聘的过程中出现模糊的人才需求。比如笔者曾为一家初创企业提供咨询时，发现在其战略定位、组织结构设置等方面尚未明确的情况下，具体业务模式也还在探讨的阶段中，就参照其他类似企业，大规模招聘项目经理、营销经理、人力资源经理、财务经理、技术人员等各种可能需要的职位。除了人力资源经理和财务经理可以正常开展工作，其他职位的人员基本没呆够试用期就解除了劳动合同。

大多数公司即使有人才需求采集，也基本是被动接受人员需求信息。各个用人部门根据岗位需求情况提出用人计划，并且报给相关的部门审批，人力资源部门根据上报人员需求数量进行汇总，拟订出本年度公司人才招聘计划。

（四）招聘标准偏差

企业在招聘中遇到的最大的问题，往往是招到的人和岗位不匹配。这个问题说明了企业在招聘中对职位的关键能力及胜任素质把握不够，没有制订详细的工作分析和职位说明书。只有对职位的情况有足够的了解，才能知道到底需要找什么样的人才。如果没有作细致的工作分析，对岗位从事的职责及需要的任职资格都比较模糊，在这种情况下想找到合适的人才，难度可想而知。另外，职位说明书也不是一成不变的，当岗位工作内容发生变动时，需要及时进行更新，并根据新的工作内容重新确定任职资格。

另外，即使已经编制了较为规范的职位说明书，也不能机械地使用。很多时候，人力资源部门总是拿着一份书面的职位说明书，作为招聘的标准，特别是其中的任职资格要求，把它作为判断一个人适合与否的依据。其实这几条书面的描述性的语言，一般情况下都是比较模糊和笼统的描述，用人部门使用起来非常困难，需要将其量化为具体的、可操作的标准。

有些企业虽然建立了规范的职位说明书，但招聘原则过于死板。比如无论招聘什么职位，都要求本科学历或者5年以上工作经验等，把优秀的人才似乎定位在高学历和长时间工作经验上，这种招聘的标准缺乏科学性。人才的实际能力和所读的学校以及所具有的工作时间等并不一定成正比，有十多年工作经验的失败者并不一定就比有十足干劲、初出茅庐的年轻人带来的效益要高，研究生或者本科生不一定比专科生更适合工作岗位的需求。因此，设置不合理、不科学的招聘标准，等于是将优秀人才让给了竞争对手。

（五）企业文化偏差

很多企业的招聘者在招聘甄选过程中，注重求职者的知识、技能、经验、资历和工作背景，如果这些硬性指标具备，大笔一挥即可录用，往往忽略了组织文化对人的要求。组织文化是将一个组织与其他组织区分开来的特征，为什么学历和工作背景相同的人，有的人十分适合公司的环境，做得风生水起，有的人却出现水土不服的现象？说明了求职者的人格特质与组织文化和环境匹配度的重要性。我们通常会看到一个从外企出来崇尚个性化的职业经理人，在要求高执行力的民企内却需要做出很大的努力去适应这种文化的要求，有的人实在适应不了就会离职。因此招聘管理者不但要找到与工作岗位要求匹配的人，更要找到与组织文化匹配的人才，唯有此，才可能谈得上实现人与组织未来发展的匹配。

求职者的价值观能否融入公司的核心理念、企业文化，性格特征是否适应特定的岗位要求等，都将决定求职者未来在组织中的融合程度。有些企业比较热衷招聘刚毕业的大学生，每年招聘一大批作为储备人才，这些企业的观点就认为相比已经有几年工作经验的人员，应届毕业生经历单纯，理论基础好，可塑性强，通过培训和引导，可以与企业的价值文化完全融合，可以大大提高招聘成功的效率。

（六）招聘渠道偏差

招聘渠道是否科学，原则是否灵活、有效，同样关系到企业招聘工作的质量问题。目前，比较盛行的招聘渠道有广告招聘、职业介绍、校园招聘、猎头招聘、人才推荐、网络招聘、现场招聘，以及基于圈子的社交化招聘，如微信、脉脉等。这些都不是万能的，各自都存在着利弊，企业在实施时不能盲目追随时代大潮，而应根据企业具体情况来定夺。譬如，猎头招聘成本高，但更可能在较短的时间内找到高素质、深资历、符合企业急需的人才。社交化招聘是现在在线招聘的普遍大势，但如果要招聘较低层次的工种，可能现场招聘甚至职业中介效果会更好。但如果是招聘企业高层管理人员，却选择人才交流市场和人才招聘会这类现场招聘渠道，招聘效果可想而知。

如果公司长期招不到人才，在排除人才高度稀缺性的前提下，就说明公司虽然拥有各种常见的招聘渠道，可能还没有找到最适合公司或者该招聘职位的渠道，需要招聘者从招聘渠道方面进行深入分析并查找原因。

其实，除了固定的招聘渠道，招聘者也可以打开思维，充分利用各种社会资源。如果局限于因为经常采用而已经僵化的招聘模式，会大量浪费时间和精力，并导致招聘效率低下，并进而引发用人部门的不满。

（七）招聘程序偏差

有些公司可能认为招聘就是收集简历、组织面试，并把应聘成功的人安排到相应部门就完成了招聘任务。其实完整招聘工作程序是一个规范的循环过程，包括招聘需求采集、招聘规划制定、招聘渠道选择、招聘广告投放、简历收集整理、面试管理、背景调查、录用管理、招聘效果评价等。

建立规范的招聘程序，可以让招聘的各个环节规范有序地进行，避免实施过程中的随意性，确保程序上的公平和公正。

招聘程序能否正常有序运行，招聘者的素质起着关键性作用。如果招聘者不够专业化，对招聘程序和运行及招聘工作本身都会形成伤害。企业在实施招聘过程中，首先与应聘人员接触的是企业的招聘人员。在对企业了解甚少的情况下，应聘人员会根据对招聘者的第一印象来推断和评价企业组织，因此招聘者的选择、搭配和组织是一项非常重要的工作，同时也是一门艺术。

（八）面试技术偏差

这是很多企业目前面临的现实问题，特别是一些发展速度较快的中小企业，建立完善的面试管理流程和面试管理技术至关重要。由于缺少有效的面试方法和技术，很多企业都是用面谈来解决选人的问题，事实上面谈是最传统的面试方法，也是最低效的选人方法，所以我们经常看到选人失败的案例。一些貌似公平的面试往往不能选出合适的人才，因为整个面试虽然有几道程序，其实都是重播，由于事先没有进行结构化的面试设计，导致了三个面试官在做着同样重复的工作，冗余且低效的发问令候选人也感觉到了乏味。因此，建立科学的筛选过滤程序，引进核心的面试技术和选拔方法，对于选出合适的人才至关重要。

几乎所有的招聘都要经过面试之后才能最后决定录取与否。面试时招聘者可以通过与应聘者面对面的谈话，考察其各方面的能力等，从而确定应聘者是否为空缺职位的合适人选。但在现实中很多企业在招聘面试时没有对面试过程进行科学的规划，也存在一些面试安排不合理、效率低、质量差等常见问题：

第一，面试准备不充分、问题没有针对性。许多企业在通知面试时，往往是临时的，不知道根据岗位应采取何种面试方式。在面试过程中，随性地问几个问题，且问题没有针对性。

第二，不能客观准确评价应聘者的能力。优秀人才往往不是优秀的面试者。因此通过面试技巧来评判一个人的能力是一种糟糕的方法。优秀人才在面试中会和其他人一样紧张。紧张情绪会显露在贫乏的眼神接触，缺少交流回答，问题简短或不够深入，以及缺乏自信等方面。这就造成了许多企业招聘到了具有良好面试技能而缺乏实际工作能力的人，而一些具有优秀工作能力的人才却由于面试中的不良表现而落选。

第三，容易出现心理倾向和偏见。面试本来就是主观性很强的一项工作，许多招聘者在招聘时，对心理倾向和偏见缺少认识和控制。引起偏见的原因有很多，比如以偏概全、招聘压力带来的偏见、应聘者的糖衣炮弹、太多的预测指标、评价个性而不是职业技能等。特别是招聘时，面试人会由于应聘者的优秀外表或某些出色表现而把其他诸如聪明、能干等优点一并加在其身上，即产生心理学上所说的“晕轮效应”。

在应聘的过程中，很多应聘者都是通过招聘人员的行为来评定企业的文化和管理水平，因此，不管他们是否能成为企业的员工，都要被视为企业的宝贵财富，因而都要给予足够的重视和尊重。

（九）招聘成本偏差

很多企业虽然在招聘工作上投入了大量的人力、物力和财力，仍然找不到合适的人员，或者是招来的人不久就离开了企业，使得招聘成本越来越高，招聘效率越来越低。特别是有些成长中的中小民营企业，没有规范的招聘流程，更谈不上对招聘流程进行成本度量和预算，只是盲目地扩大招聘规模，增加招聘投入，缺乏适当的招聘成本预算和效率度量。

综合上述这些招聘工作的现状，可以作出推断：如果“选人”起点的质量不高，那么不仅后续的人力资源管理工作会事倍功半，更会影响到公司决策的执行。作为承担着“选人”职能的招聘部门，在扎实地做好日常招聘工作的同时，也要借鉴国内外企业的成功经验，建立有效的招聘体系，提高招聘的有效性。

二、人才的困境

网络技术给人们的生活和工作带来极大的便利，同时也会带来海量的信息，比如招聘信息。像专业招聘网站、分类信息网站、社交化招聘媒体等每天都会推送庞杂的招聘信息，求职者如何在招聘信息的汪洋大海中进行准确辨别，并进而寻找到一份满意的工作，是摆在求职者面前的最大的困惑。

（一）如何认识自我

人才在准备应聘之前，应该对自己有一个全面而且清醒的认识，知道自己的优势和劣势，并据此选择自己最合适的工作方向。比如显性条件方面，空乘一般都有身高要求，如果身高不足1米6，显然应聘成功的可能性非常低，如果还去投递简历或参加面试，就是无谓的时间浪费。隐性条件方面，性格内向的人如果去应聘销售类岗位，成功率肯定低，即使应聘成功，获得职业成功的概率也会比其他人低。

要认识自己，一般就要清楚自己的性格、能力、情商、气质及优劣势：

- 性格认知：了解自己属于哪种性格以及具备哪些特点，比如是内向型还是外向型。人才在自我性格评价时，应该意识到每种类型的性格都各有利弊。在自己看来是缺点，在他人看来往往成了优点。人才既要有意识地改正自己明显的性格缺点，也要依据自己的性格特点进行自我准确定位，在求职中做到扬长避短，寻找最适合自己性格特点的工作。
- 能力认知：求职者应该知道自己具备什么样的能力，并根据自己擅长的能力选择工作。能力是多种多样的，比如产品设计人员需要有丰富的创造能力，管理者需要有较强的计划能力和综合协调能力。
- 气质认知：人的气质是有明显差异的，这些差异属于气质类型的差异。不同气质的人才，适合的工作也会有所不同。比如多血质的人才热情开朗，适合从事社交类的工作；黏液质的人才沉稳平静，适合工作要求严谨的工作。

• 情商认知：情商通常是指情绪商数，简称EQ，主要是指人在情绪、情感、意志、耐受挫折等方面的品质。也可以说，情商就是处理人际关系的一种专项的能力的综合体现，包括与陌生人的交往能力、化解人际交往中矛盾的能力、处理与不同人之间角色变换的能力等。现代管理理论认为，情商有时比智商更能决定一个人是否能成功。

（二）职业定位模糊

职业生涯规划是指针对个人职业选择的主观和客观因素进行分析和测定，确定个人的奋斗目标并努力实现这一目标的过程。换句话说，职业生涯规划要求根据自身的兴趣、特点，将自己定位在一个最能发挥自己长处的位置，选择最适合自己能力的事业。职业定位是决定职业生涯成败的最关键的一步，同时也是职业生涯规划的起点。管理实践表明，没有清晰职业定位的人才，往往很难找到适合的工作，在职业发展过程中也会受到很大制约，很容易出现几十年原地踏步的状况。

职业锚是职业生涯规划中的重要概念。所谓职业锚，又称职业系留点，是指当一个人不得不作出选择的时候，他无论如何都不会放弃的职业中的那种至关重要的东西或价值观。实际就是人们选择和发展自己的职业时所围绕的中心。职业锚是自我意向的一个习得部分。个人进入早期工作情境后，由习得的实际工作经验所决定，与在经验中自省的动机、价值观、才干相符合，达到自我满足和补偿的一种稳定的职业定位。职业锚强调个人能力、动机和价值观三方面的相互作用与整合。职业锚是个人同工作环境互动作用的产物，在实际工作中是不断调整的。

职业锚一般划分为八大类型：

• 技术/职能型：追求在技术/职能领域的成长和技能的不断提高，以及应用这种技术/职能的机会。他们对自己的认可来自他们的专业水平，他们喜欢面对来自专业领域的挑战。他们一般不喜欢从事一般的管理工作，因为这将意味着他们放弃在技术 / 职能领域的成就。

- 管理型：追求并致力于工作晋升，倾心于全面管理，独自负责一个部分，可以跨部门整合其他人的努力成果，他们想去承担整个部分的责任，并将公司的成功与否看成自己的工作。具体的技术 / 功能工作仅仅被看作是通向更高、更全面管理层的必经之路。

- 自主 / 独立型：希望随心所欲安排自己的工作方式、工作习惯和生活方式。追求能施展个人能力的工作环境，最大限度地摆脱组织的限制和制约。他们愿意放弃提升或工作扩展机会，也不愿意放弃自由与独立。

- 安全 / 稳定型：追求工作中的安全与稳定感。他们可以预测将来的成功从而感到放松。他们关心财务安全，例如：退休金和退休计划。稳定感包括诚信、忠诚，以及完成老板交代的工作。尽管有时他们可以达到一个高的职位，但他们并不关心具体的职位和具体的工作内容。

- 创业型：希望使用自己能力去创建属于自己的公司或创建完全属于自己的产品（或服务），而且愿意去冒风险，并克服面临的障碍。他们想向世界证明公司是他们靠自己的努力创建的。他们可能正在别人的公司工作，但同时他们在学习并评估将来的机会。一旦他们感觉时机到了，他们便会自己走出去创建自己的事业。

- 服务型：指那些一直追求他们认可的核心价值，例如：帮助他人，改善人们的安全，通过新的产品消除疾病。他们一直追寻这种机会，即使这意味着变换公司，他们也不会接受不允许他们实现这种价值的工作变换或工作提升。

- 挑战型：喜欢解决看上去无法解决的问题，战胜强硬的对手，克服无法克服的困难障碍等。对他们而言，参加工作或职业的原因是工作允许他们去战胜各种不可能。新奇、变化和困难是他们奋斗的终极目标。如果事情非常容易，它马上变得非常令人厌烦。

- 生活型：喜欢允许他们平衡并结合个人的需要、家庭的需要和职业的需要的工作环境。他们希望将生活的各个主要方面整合为一个整体。正因为如此，他们需要一个能够提供足够的弹性让他们实现这一目标的职业环境。甚至可以牺牲他们职业的一些方面，如：提升带来的职业转换，他们将成功定义得比职业成功更广泛。他们认为自己在如何去生活，在哪里居住，以及如何处理家庭事情，及在组织中的发展道路是与众不同的。

所谓职业生涯规划，就是人才确定自己的职业目标后，通过对自身优劣势分析，选择最适合的职业锚。职业生涯规划路径如图 1–1 所示：

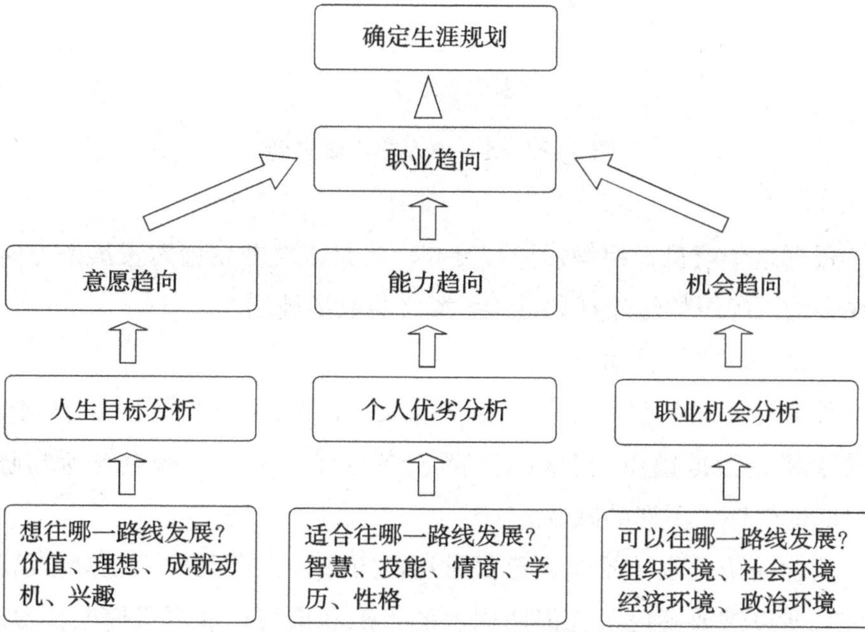

图 1–1　职业生涯规划路径图

企业中的人才还可以结合组织的需要程度和个人的发展意愿进行职业生涯选择，如图 1–2 所示。

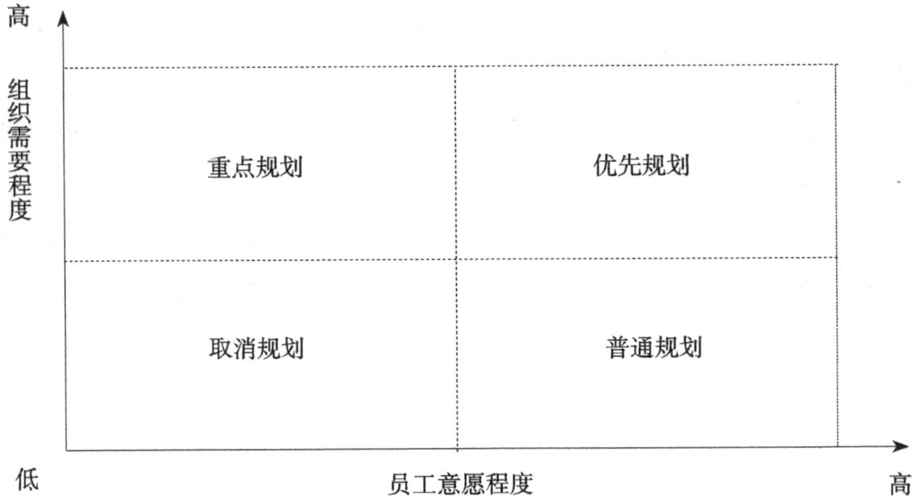

图 1–2　组织中人才职业规划

根据这个模型，组织需要程度高，且是人才非常愿意发展的方向，往往会纳入组织的优先规划范畴，反之则取消规划。

（三）如何推销自己

除非有亮眼的独特才干导致企业求贤若渴，一般情况下，人才需要善于将自己推销出去。纵使有浑身的才干，如果不被企业所知晓，也只能徒生怀才不遇的感慨。

投递简历是人才推销自己最常用的方式。简历其实就是对自己的包装，所以需要高度关注简历内容的组织和撰写，能尽量简明扼要地说明自己的优势，并能让招聘者快速判断为什么你最适合招聘职位的需求。投递简历的渠道，除了现场招聘会和网络招聘网站，现在还可以通过社交化媒体传播，比如微信群、朋友圈、博客等也可以成为推销自己的阵地。社交化媒体的传播，往往不是直接发布的简历，而是就自己擅长的领域发表文章或见解，让潜在的企业能主动关注自己，或者在自己应聘时成为加分项。

培养优秀的表达能力，也是人才推销自己的重要方法。对于某些职位，表达能力甚至是招聘能否成功最大的关键。

自我推销并不是造假和浮夸。在移动互联网时代，每个人的信息很多都在网络上可以搜索到。所以，人才推销也要立足事实。

（四）如何辨别信息

海量的招聘信息为人才带来更大的选择余地，同时也带来选择的困难。人才要对海量信息进行筛选，可以采取如下几项措施：

• 招聘渠道选择：人才在求职之前，首先也要对各类招聘渠道有足够的了解，选择最适合自己的招聘渠道投递简历。比如中高级人才，一般选择猎头服务，而层次比较低的人才，通过职业中介或者现场招聘可能效果会更好。通过渠道选择，减少招聘信息的轰炸，更利于人才作出正确的选择。

• 应聘行业选择：人才都有自己熟悉和喜欢的行业，可以提前对行业类别进行筛选，只选择接受来自该行业的招聘信息。通过行业筛选，一般可以有效减少至少 80% 的招聘信息。

• 公司背景选择：通过公司规模、公司产品、行业地位、市场形象等维度的筛选，也可以有效减少一批招聘信息。

• 任职资格选择：对招聘信息中的任职资格及具体要求进行分析比较，淘汰自己有不符合项的招聘信息。

• 发布时间选择：在搜寻招聘信息时，一般只选最近几天发布的招聘的信息。职位要求越低的职位招聘信息，一般应聘结束的可能性越大。

三、聚才创新之道

随着社会及技术的发展，招聘管理发生了很大的改变：招聘工作从以往的战术层面提升到战略层面，也就意味着需要支持企业总体战略的实现，需要与公司的长期人力资源规划配套；在人才供求关系方面，企业需要的人才特别稀少，但由于网络获取人才的成本低，一般性的人才数量庞杂，难以辨别谁是企业合适的人才；应聘者的学习能力比他们已经获得的技能显得更为重要。企业对招聘通才的需要已经超过对专才的需要；随着移动互联技术的快速发展，企业更加需要能适应扁平化、团队化，甚至多象限化组织的人才；企业除了考察应聘者知识、技能和能力之外，还需要对其价值观、态度、个性等进行考核，这就需要提供强大、实用的招聘测试工具。

基于上述这些变化，招聘管理必须从理念、工具、方法等各方面进行创新，以适应新形势、新技术的发展需要。

（一）招聘理念创新

招聘理念是指导整个招聘过程和活动的思想，是站在比招聘本身更高的角度来看待招聘的原则。确定一个好的招聘理念对设计和组织高效的招聘工作有着重要的作用。

以前的观点，是将企业和员工之间的关系限定为雇佣关系，但随着移动互联网的迅猛发展，每个员工都可以在社会网络上成为自媒体中心，在组织内成为多象限化组织的自组织中心。也就是说，员工在自组织内，都可以像老板一样思考和运作，每个有能力的员工，都可以充当自组织内的“老板”角色。基于新的社交圈和新的员工定位，招聘理念也需要同步更新。

在招聘过程中，招聘者的目标不仅仅是为企业寻找合适人才，还要同时树立和维护企业品牌形象，提升企业在社交圈中的口碑，增加企业粉丝等。

招聘不再只是人力资源部的工作，而是所有员工的工作，每个员工都可以在其社交圈内传播招聘信息，为公司寻找合适的人才。同时，每个员工都可以参与到招聘甄选过程，甚至成为招聘甄选的主导者，人力资源部门只是提供协助和支持服务。

（二）招聘渠道创新

建立畅通、有效的招聘渠道，是企业能获得合适人才的有力保障。在常规的招聘渠道之外，人力资源部门需要致力于招聘渠道的多元开发，通过渠道创新为公司拓展招聘人才的通道。

在渠道创新上，首先就是基于圈子的社交化招聘，比如通过微信招聘人才，在目标人才聚集的圈子中发布信息等。由于目标人才和职位要求比较贴近，信息传播的目标性更明确。即使目标人才不感兴趣，也可以通过他们的转发，将招聘信息传播给他们所在社交圈。这种基于社交圈的招聘效果，相比传统招聘渠道往往几何级的倍增。

除了渠道创新，传统的招聘渠道，也可以创新出新的方式。比如英特尔采用“有计划的机会主义”，鼓励员工推荐合适人选或者毛遂自荐，如果所荐员工被录用并工作出色，推荐人可得到一笔相当可观的推荐费用。

在传统的校园招聘方面，一般公司都是聘用面临毕业的实习生，但宝洁公司在北大启动了一项在大三学生中招聘实习生的聘才计划，如果表现优越，将在毕业时正式聘用。联合利华启动夏令营计划，在全国范围内选拔优秀学生，邀请他们到企业参观实习，尽可能地了解企业文化。如果双方合意，毕业时就可以签订工作合同。

有些公司还借助自身的产品和服务优势来创新地寻找人才。比如微软通过检索每月登录微软网站的用户，开发出一个专用程序，负责统计用户所使用的关键词，并从中分析出此人是否具有较高的计算机技能。通过这种方式，微软可以建立庞大的潜在人才库，为公司进一步招聘甄选提供极大的便利。

（三）招聘方式创新

随着移动互联网越来越普及，以前局限于电脑操作，但现在的招聘管理，可以借助移动设备，实现移动式办公和碎片化应用，无论何时何地，都可以随时进行人才搜集并组织开展招聘甄选。比如招聘信息发布，可以在社交论坛、微信、各类圈子中随时发布。以前只是普通的好友，都可以帮忙转发招聘信息，参与到公司的招聘活动中。

（四）背景调查创新

以前的背景调查，只能通过有限的资料进行验证，或者向员工任职过的公司及同事进行求证。但在大数据普遍应用的今天，通过网络可以将员工的一切数据和信息都可以搜集出来，比如员工的行为特性、兴趣爱好、就业经历、最近动态、社交评价等。将这些数据进行汇总和分析，就可以对员工有一个全面的认识，而且更加客观和准确。

（五）招聘分析创新

在传统的招聘数据中，企业一般只关心简历的数量、招聘的人数、录用的人数、招聘的支出等这些静态的数据。在移动互联时代，员工的社会性通过社交化展现出来后，会衍生出海量的静态数据和动态数据，如何从这些海量数据中挖掘管理信息，也是招聘创新的重要方向。

招聘创新的途径还有很多，笔者将在本书第三部分进行更全面、更深入的阐述。

移动互联的三大核心内容是云计算、大数据化和社交化，招聘管理的创新，也正是依托这三大核心内容：基于云计算创建云端化招聘管理体系，基于大数据化创建招聘数据分析模型，基于圈子创建社交化招聘管理模式。

本章小结

本章通过对新生代人才的特点分析及移动互联时代的管理分析，从企业和人才两个维度出发，分别阐述企业面临的招聘困境和人才面临的应聘困境，并提出招聘甄选工作的创新方法。

企业面临的招聘困境包括招聘观念、人才定义、招聘需求、招聘标准、企业文化、招聘渠道、招聘程序、面试技术、招聘成本等方面的偏差，而人才面临的困境，主要包括如何认识自我、如何进行职业定位、如何推销自己、如何辨别招聘信息等。

根据组织和人才面临的困境，本章从招聘理念、招聘渠道、招聘方式、背景调查、招聘分析等五个方面简要阐述创新的途径。

第二章　增值式人才获取

随着科技进步和知识经济时代的到来，人力资源作为构成组织生命力和竞争力的一种不可或缺的因素，对组织的生存和发展起着越来越重要的作用。市场经济中，资本的不断增值是通过人力资源的不断开发、利用实现的。尤其对于以知识为资本的知本组织来说，人的价值所带来物质收益的增值更是极为可观的。

人力资源管理定位，大致经历成本中心、利润中心、投资中心三个阶段，如图 2–1 所示：

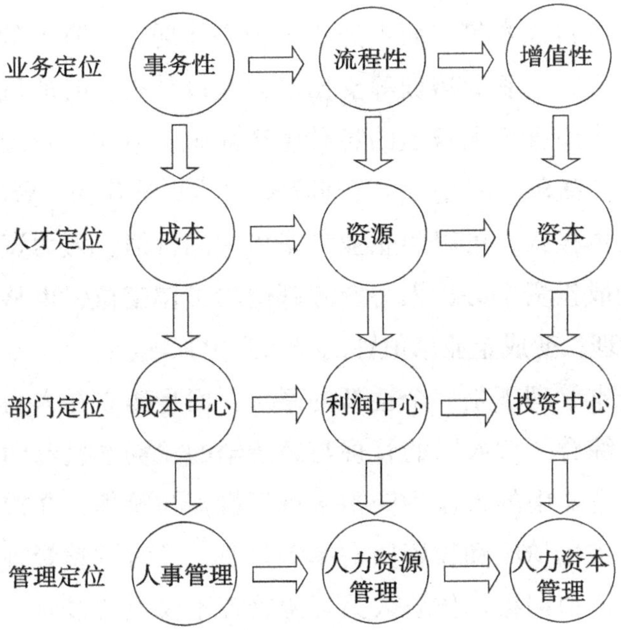

图 2–1　人力资源定位演变图

在科学管理兴起以后，“人”主要作为“成本”进行研究，主要关注的是如何降低人工成本，从而增加企业利润。这个阶段就是传统的人事管理，部门职责主要进行人事档案的日常管理，并从事繁杂的事务性处理。基于“人”的“成本”定位，人事部门也只是单纯地作为成本中心看待，认为人事部门不可能产生利润和价值。

发展到人力资源管理阶段，“人”被作为“资源”来看待。“人”作为一种关键资源，人和设备、资金、物料等一样，通过优化配置可以为企业创造更大的利润，所以人力资源部门定位也相应地变成“利润中心”。随着人力资源部门的重要性越来越大，人力资源部门的工作从事务性转向流程性，为公司提供规范、完善的人力资源支持和服务，并逐渐进入企业战略层面，让人力资源战略成为实现企业战略的重要支撑，从而实现战略性人力资源管理。

20 世纪 60 年代，美国经济学家舒尔茨和贝克尔创立了人力资本理论，开辟了关于人类生产能力的崭新思路。人力资本管理认为物质资本指现有物质产品上的资本，包括厂房、机器、设备、原材料、土地、货币和其他有价证券等，而人力资本则是体现在人身上的资本，即对生产者进行教育、职业培训等支出及其在接受教育时的机会成本等的总和，表现为蕴含于人身上的各种生产知识、劳动与管理技能以及健康素质的存量总和。人力资源管理阶段，“人”被作为“资本”来看待，通过人力资本投入，可以为企业带来更大的价值，人力资源部门定位也相应地变成投资中心，人力资源部门的工作定位，也从一般性的支持和服务管理，变成企业增值性的投入产出管理。

人力资本管理不是一个全新的系统，而是建立在人力资源管理的基础之上，综合了“人”的管理与经济学的“资本投资回报”两大分析维度，将企业中的人作为资本来进行投资与管理，并根据不断变化的人力资本市场情况和投资收益率等信息，及时调整管理措施，从而获得长期的价值回报。传统人力资源管理不仅没有过时，而且还是人力资本管理的技术基础。人力资本管理正是通过整合人力资源管理的各种手段，而获得更高水平的价值实现。人力资本管理注重投资与回报之间的互动关系，并结合市场分析制订投资计划，因而相对来说更为理性，对市场变化更为敏感，侧重点和衡量尺度更为明确。

一、人才资源资本化

对于“资源”，人们多考虑寻求与拥有，而提到“资本”，人们会更多地考虑如何使其增值生利。只有将人才变成资本，才能使其成为企业的财富，让其为企业所用，并不断增值，给企业创造更多的价值。

资源和资本虽然只有一字之差，但却有着本质的区别，首先，资源是自然形成、未经开发的，而资本却经过精心的开发和筹划，成为企业产生利润的基础。其次，资源和资本在使用上考虑的角度完全不同，如果要资源，人人都想要最好的，钱越多越好，技术越先进越好，人越能干越好，但作为资本，人们就会更多地考虑投入与产出的关系，会在乎成本，会考虑利润。最后，提到资源人们多考虑寻求与拥有，而提到资本人们会更多地考虑如何使其增值生利，资源是未经开发的资本，资本是开发利用的资源。

企业人力资本主要包括以下四个类别：

● 核心人力资本：高管是企业人力资本的直接规划控制者，同时也是企业中处于核心地位的人力资本。高管自始至终处于企业价值创造的核心地位，对企业人力资本管理策略的制定起着关键乃至决定性作用。

● 关键人力资本：关键岗位上的关键人员。企业价值流程中的关键环节，对企业的物质资本投资回报率有着重大影响。在关键环节上，而真正产生价值的，是关键环节岗位上的关键人员。关键人力资本不是一成不变的。行业不同，关键人力资本会有所差异。例如：高级技术研发人才是高科技企业的关键人力资本，但在房地产开发企业中却不一定有自己的位置。企业发展阶段特点不同，关键人力资本也会有所变化。同样以房地产开发企业为例：在资金高度紧缺的阶段，融资人才自然是企业的关键人力资本；到了资金相对充裕的阶段，优秀的投资策划和营销策划人才，代之而成为关键人力资本。

- 潜力人力资本：具有投资潜力的人力资本。目前还不是关键人力资本，具有很强的培养潜力或在企业未来发展中起重要作用的人才。例如：高潜质的领导后备人才，知识型企业潜力领域的研发人才，未来热点市场的专业人才等。

- 基础人力资本：确保企业基本运作与基本价值回归的人员。这是企业的大多数，也是企业平稳前进的基础。这类人员面对变化较为被动，对新的工作技能的要求较难适应，会出现转型就业难、人员高流动、就业恐慌等问题。

各类人力资本之间并非泾渭分明，相互之间可能发生转化，如潜力人力资本上升为关键人力资本，关键人力资本上升为核心人力资本。各类人力资本转化的条件与时机，往往是人力资本管理的重点所在。人力资本发生了转化，人力资本管理策略也应随之变化。

各类不同的人力资本，需要采取不同的管理策略。对于核心人力资本来说，最关键的策略就是发挥其在企业人力资本的规划与控制的作用。一方面，确保参与核心人力资本管理政策的制定过程，充分表达对于企业核心资本投资政策的意见；另一方面，确保在其他各类人力资本管理制定过程中，起到决定性作用。高层的有力介入，极大改善企业资源的使用效率，释放企业的潜能。否则，人力资本的超额剩余价值只是一种潜在的可能。因此，保证高层的参与，就是对核心资本的最大投资。对于关键人力资本来说，由于这类资本拥有知识、技能、经验的优势，市场价格往往较高，而且行业内的需求较为强烈，因而在招聘、激励和培养等方面的投入相对较大。很多企业对此付出望而却步，但从资本投资回报的角度来看，对关键资本的高投入是很划算的，因为所带来的回报往往会远超最初的投资。而且，企业还可以通过有效的知识管理，将关键人力资产中个人的知识、能力、经验转化为企业的公共的知识财富，并用于提高整体人力资本水平，产生内部增值效应。

二、人才价值链管理

波特认为："每一个企业都是在设计、生产、销售、发送和辅助其产品的过程中进行种种活动的集合体。所有这些活动可以用一个价值链来表明。"企业的价值创造是通过一系列活动构成的，这些活动可分为基本活动和辅助活动两类，基本活动包括内部后勤、生产作业、外部后勤、市场和销售、服务等；而辅助活动则包括采购、技术开发、人力资源管理和企业基础设施等。这些互不相同但又相互关联的生产经营活动，构成了一个创造价值的动态过程，即价值链。

波特的价值链理论揭示，企业与企业的竞争，不只是某个环节的竞争，而是整个价值链的竞争，整个价值链的综合竞争力决定企业的竞争力。

人才作为资产，自然也可以有价值创造、价值衡量和价值分配的过程，并和招聘配置、绩效评估、薪酬分配分别对应。它们之间的关系如图 2–2 所示：

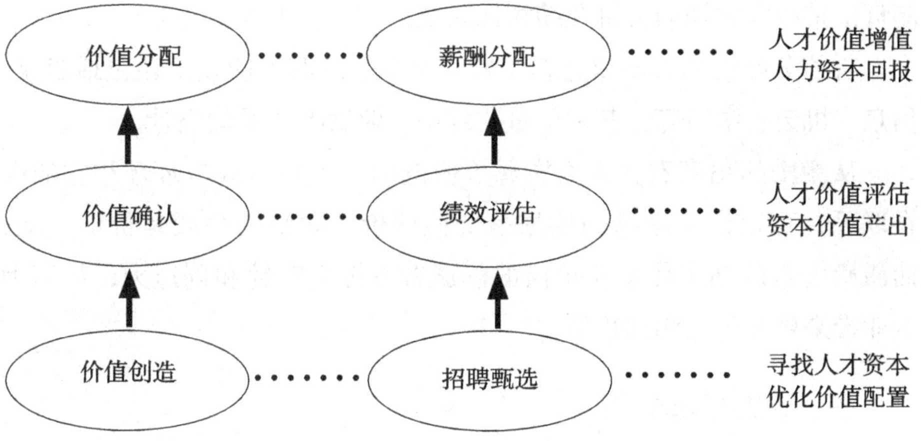

图 2–2　人力资源价值链

价值创造强调的是创造要素的吸纳与开发。它倡导知识创新者、企业家和员工是企业价值的创造者，而其中的主导要素是知识创新者和企业家，尽管他们的人数占不到企业的20%，但他们却创造了企业80%以上的价值。因此，企业一定要注重吸纳一流人才，同时也要注重通过开发提升员工的价值。

价值评价强调的是要建立科学的价值评价考核体系，这一体系包括个性特质评价、职业行为能力评价和关键业绩指标考核等。个性特质评价指的是评价员工是否具备某一职务所要求的个性特质，或者说是"主题特征"。进行个性特质评价首先要建立企业内部各种职务的素质模型。职业行为能力评价指的是评价员工是否具备某一职务所要求的职务行为能力，或者说是职务胜任力。职业行为能力评价的前提是对企业的所有职务进行横的和纵的划分以后，明确各种职务的角色定位和价值要求，进而制订出各种职务的行为能力标准。关键业绩指标考核指的是考核员工的工作是否达到某一职务所要求的关键业绩指标。对员工进行关键业绩指标考核的基础是在企业内部建立一个关键业绩指标体系，在这个体系中，个人目标、部门目标与公司目标之间保持高度一致。也就是说，企业先要根据不同时期的战略目标和管理重点制订出某一段时期的关键业绩指标系统。

价值分配的内容不仅包括工资、奖金、红利、股权，还包括职权、信息、机会、学习等，其中最重要的是企业薪酬体系的设计。

从激励的角度看，人力资源价值链的三个环节具有环环相扣的内在联系，可以说，激励的依据是价值评价，激励的手段是价值分配，而激励的目的在于使企业价值的创造者发挥主动性和创造力，从而为企业带来更多的利润和价值。

三、人力成本分析

人才作为一种资本，自然也就有投入上的成本性考量。人力资源成本是组织为了实现自己的经营和管理目标，创造最佳经济和社会效益，用于获得、开发、使用、保障必要的人力资源以及人力资源离职所支出的各项费用的总和。

（一）人力资源获取成本

人力资源的取得成本是企业在招聘和录取员工的过程中发生的成本。具体包括以下几项：

• 招聘成本：为吸引和确定企业所需人力资源而发生的费用，包括对企业内外的广告宣传费用，支付猎头的费用等。

• 选择成本：企业为选择合格的人才而发生的费用，包括测评咨询费等。

• 录用成本：是企业为取得已确定聘任员工的合法使用权而产生的费用。

• 安置成本：为新员工提供工作所需装备的费用；从事特殊工种按人员配备的专用工具或装备费；为新录用员工提供的住宿费、餐饮费等。

• 管理成本：企业在招聘甄选过程中花费的所有管理人员投入时间的成本；被录用的员工安排在确定工作岗位上的各种行政管理费用；录用部门为安置人员所损失的时间费用等。

（二）人力资源开发成本

人力资源的开发成本是企业为提高员工的业务能力和管理能力，为增加企业人力资源的价值而发生的费用。具体包括以下几项：

• 岗前教育成本：是企业对上岗前的新员工在思想政治、规章制度、基本知识、基本技能等基本方面进行教育所发生的费用。

• 岗位培训成本：是企业为使员工达到岗位要求对其进行培训而发生的费用。

• 脱产培训成本：是企业根据生产加工作的需要，允许员工脱离工作岗位接受短期或长期培训而发生的成本，其目的是为企业培养高层次的管理人员或专门的技术人员。

（三）人力资源使用成本

人力资源的使用成本是企业在使用职工的过程中而发生的成本。

具体包括以下几项：

• 维持成本：是保证人力资源正常工作所需的费用，比如薪资、福利、社会保险、住房公积金等。

• 奖励成本：是为激励企业员工，使人力资源发挥更大作用，对其超额工作或其他特别贡献所支付的奖金。

• 调剂成本：是调剂员工的工作与生活节奏，使其消除疲劳而发挥更大的作用，满足员工必要的需求，稳定员工队伍，并吸引外部人员进入企业工作而发生的费用。

（四）人力资源保险成本

人力资源保障成本是保障人力资源在暂时或长期丧失使用价值时的生存权而必须支付的费用。具体包括以下几项：

• 健康事故保障成本：是企业承担的员工因工作以外的原因引起的健康欠佳、不能坚持工作而需给予的经济补偿费用。

• 工伤事故保障成本：是企业承担的员工因工伤事故应给予的经济补偿费用。

• 退休养老保障成本：是社会、企业及员工个人承担的保证退休人员老有所养和酬谢其辛勤工作而给予的退休金或其他费用。

（五）人力资源离职成本

人力资源的离职成本是由于员工离开企业而产生的成本。包括以下几项：

• 离职补偿成本：是企业辞退员工或员工自动辞职时，企业所应补偿给员工的各项费用。

• 离职损耗成本：是员工即将离开企业而造成的工作低效率损耗费用。

• 职位空缺成本：是员工离职后职位空缺的损失费用。

• 离职管理成本：是企业为处理员工离职所需要付出的各类时间成本。

• 业务损耗成本：是员工离职后，可能带走公司核心客户、核心技术等而给公司带来的潜在损失。

四、人力价值分析

人力资源价值评估是对企业人力资源价值在评估基准日特定目的下的价值进行分析、估算并发表专业意见的行为和过程。人力资源的价值特征不仅在质上不同，在量上也存在较大的差异。但是作为对人力资源价值评估的具体评估方法应该是同一的，否则就失去了正确反映和提供人力资源价值尺度的功能，因此需要根据价值评估的目的，明确所要求的价值尺度的内涵，而后才能确定所采用的价值评估方法。

由于对事物认识上的阶段性和无限性，常常必须依据已经掌握的事实对某一种事物进行合乎逻辑的推断。这种推断以事实为依据是有一定的合理性，但是全部事实毕竟难以全部获取。因此需要根据有限的事实进行合理推断，这就必须对事物进行推断时进行假设。企业人力资源价值评估除具有公认的一般假设外，还需一些特殊的假设：

• 物化假设：将人力资源进行物化，这是最基本的假设。人力资源的特点之一是其存在于人体之中，以人作为载体而存在的。对企业人力资源进行价值评估实际上是估算的劳动能力，此时需要将这种能力进行物化。

• 管理决定假设：假定人力资源的价值是其管理方式的函数。人的价值除了来自其自身的技能、受教育程度、才智外，还受企业管理方式的影响，有效的管理方式可以调动职工的积极性，提高劳动生产率，并使人力资源价值得到增长；反之，人力资源的价值或者难以实现，或者只能维持原状。

• 可计量假设：企业人力资源价值的开发成本、使用收益和费用分摊都是可以计量的。人力资源的成本和价值可以采用货币或者非货币价值两种方法计量。对于人力资源的经济成本以及由他带来的经济受益可以用货币性价值计量，对于人力资源的才干和运用知识的能力则用非货币性价值计量。

有关人力资本价值的计量，目前较为通行的指标有如下几种：

• 人力资本收入指数（HCRF），指每个全职员工的平均销售收入，计算公式为：企业销售收入 / 全职员工总数。公式中全职员工包括全职、兼职和临时人员，按一定的测算比例全部换算成为全职人员的数量，以下同。

• 人力经济增值指数（HEVA），指企业营业利润减去税收和资本成本后，可以认为是由“人”创造产生的利润部分，然后由人数平均。计算公式为：（营业利润 - 税收 - 资本成本）/ 全职员工人数

• 人力资本成本指数（HCCF），指人力资本的总成本，包括薪酬，福利，缺勤成本，人员流失成本等在内的所有在人力资本上的总支出。

• 人力资本增值修正指数（HCVA），计算公式为：企业总利润 / 全职员工人数。

• 人力资本投资回报率，计算公式为：企业利润 / 员工薪酬福利总和。

• 人力资本市场价值，计算公式为：企业市值 / 全职员工人数。

对人力资本的衡量并不一定非要采用财务指标。比如 SEARS 公司采用人力资本战略和政策效用的衡量体系，以员工与客户满意度调研为主，结合人力资本系列财务指标作为参考。相比简单地使用财务数据衡量的方法，其权威性更高，全面直观性更为出色。

人力资本的计量方法很多，归纳起来总共有两大类八种计量模型。一类是对人力资源的成本予以计量的方法，包括历史成本计量模型和重置成本计量模型；另一类是对人力资源的价值予以计量的方法，包括未来工资折现模型，未来收入折现模型、随机报酬模型、内部竞价模型、未来超额利润折现模型和经济价值模型。

（一）历史成本计量法

将企业取得和开发人力资源发生的全部支出，包括招聘、选拔、培训、定岗等项支出作为入账价值。该方法着眼于用财务会计方法提供人力资源投资方面的信息，使得人力资产信息与其他资产信息具有可比性，便于为企业编制预算和进行分析与评价提供依据。该方法的

优点是提供的信息客观、准确、可靠；缺点是无法反映人力资源的真实价值，不能提供与经营管理决策相关的人力资源状况信息。

（二）重置成本法

计量企业在现实条件下重新取得和培训与现有职工的技术水平、素质和工作能力相当的职工所发生的全部费用，或者是在现实条件下取得和培训符合特定工作岗位要求的职工所应发生的全部成本，包括取得成本、开发成本和职工的离职成本。该方法注重人力资源价值的变化，反映人力资源的现实价值，有利于合理补偿和重置人力资源；缺点是对人力资源现实成本的估价带有主观性，而且重置成本仍不能反映人力资源的真实价值。

（三）未来工资折现法

将企业未来五年支付给职工的工资折现，再乘以反映本企业盈利水平与本行业平均盈利水平差别的效率系数，作为人力资源入账价值的方法。该方法的理论依据是企业间盈利水平的差异是由于人力资源的素质造成的，因此要用效率系数对未来工资进行调整，反映人力资源的价值。

（四）未来收入折现法

把一个职工在剩余受雇期内的未来工资或收益的现值作为人力资源价值的计量方法。该模型的理论依据是人力资本价值是其未来收入的贴现总值。该方法考虑了职工预计服务年限，但却忽视了职工个人调动或职务升迁等因素影响，特别是将职工预计未来工资作为人力资源价值未必能反映人力资源的真实价值。

（五）随机报酬模型

该方法认为一个职工对企业的价值与他预期所处的职位和服务状态有关，而预期的服务状态（提升、降职、调率或退休、解雇、死亡）是不能准确预知的，是个随机的过程，因此计算人力资源价值时，只能综合考虑预计服务年限、服务状态、特定服务状态下的价值及其概率来预期。该模型是一个动态模型，能比较准确地反映各有关因素的影响，但如何确定在不同服务状态下的服务价值是个难题。

（六）内部竞价法

该方法认为只有稀有的人力资源才有价值，其价值是由各个部门投标竞价来确定，竞价最高者即可获得该项人力资源，该最高竞价就是该员工的价值。竞价法将市场机制引入资源配置工作，可以促进人力资源的最佳配置，实现价值量化，但该方法忽视了对非稀有人力资源的价值计量。

（七）未来超额利润折现法

该方法认为企业获得的超额利润是人力资源带来的，这部分超额利润应资本化为人力资源价值。这种方法的计量结果具有可核实性，但是超额利润是否就是人力资源价值，在理论上尚未得到证实。

（八）经济价值法

该方法认为人力资源同其他资产一样，其价值体现在能给企业提供未来收益，因此将企业未来收益折现，按人力资源投资比例，计算人力资源价值。该模型按照人力资产与其他资产对企业贡献不同来确定人力资源价值，符合资产提供未来收益的特征，但人力资源价值受多种因素影响，并非与投资比例呈线形关系。

五、人力资本储备

人才是企业发展的第一要素，人才资本储备即为了企业的长远发展战略，在准确把握企业的战略目标和人力资源规划后，实行长期性、持久性、针对性的人才库存与培养，从而保证企业人才能够满足企业长远发展目标需求。

人才资本储备需要从企业未来的发展目标出发，对企业人才的现状进行深入的分析，明确企业人才的层次、数量、结构与环境的关系。人才资本储备可以使企业在激烈的竞争中占据人才资本的优势，通过优秀人才带动企业发展，获得持续的竞争优势，并实现企业资本的不断增值。

人才资本储备具有以下三个特征：

• 待开发性：储备的人才资本并不具有马上使用的价值，还处于待开发状态，但储备的人才资本如果投入使用，能迅速发挥人才资本的能力优势，使其为实现企业目标做贡献。

• 目的性：储备的人才资本是有目的性的，要按照某个管理目标确定在未来使用，而不是盲目的投资和储备。

• 未知性：储备的人才资本在未来是否必然使用是未知的。由于客观环境的变化，原来储备的人才资本有可能出现贬值。

在传统的人力资源管理措施中，也有很多人才储备方面的策略和方法，可以结合人才资本的管理需求及移动互联的时代特点进行创新升级。

（一）建立企业人才库

根据企业的发展战略、业务规划、行业特征及岗位现状，寻找未来企业可能需要的人才，并建立人才库进行分类管理。企业人才库既可以对外部人才进行管理，也可以对内部人才进行管理。外部人才库用于外部招聘时的招聘甄选，内部人才库用于内部招聘时的选拔任用。

现在网络技术及移动互联应用的全面普及，为全国化乃至全球化寻觅人才提供了可能，比如可以通过在社交化论坛发现潜在人才。企业在选择储备人才时，应该放宽眼界，在更大的范围内寻找潜在人才，并纳入人才库进行管理。

（二）培养复合型人才

企业通过培养复合型人才，可以有效地实现人才资本增值。比通过工作轮换，使员工轮换做不同的工作，以取得多种技能，同时也挖掘了各职位最合适的人才。对于中高级管理人员来说，应当具有对业务工作的全面了解能力和对全局性问题的分析判断能力，而培养这些能力，显然只在某一部门内做自下而上的纵向晋升是远远不够的，必须让中高级管理人员在不同部门间横向移动，扩大知识面，并且与企业内各部门的同事有更广泛的交往接触。

培养复合型人才，可以在人才总量不变的情况下实现资本价值增长，而且能为企业储备更多可用的人才，为人才资本的优化配置提供更大的空间。

（三）实现人才信息共享

企业不仅要建立完善的人才库，还需要实现人才信息的共享，方便用人部门可以快速找到合适的人才，人才可以方便地找到更合适的工作。

有些企业在内部建立人才市场，是人才共享的良好机制，需求部门和人才都可以通过内部人才市场进行沟通，从而将全公司的人才资本都作为储备人才来看待。

信息化建设为人才信息共享提供了莫大的方便，企业人才库可以开放访问，有招聘需求的部门多可以在里面选择心仪的人才并详细沟通，沟通的内容可以保存在云端，供其他筛选人阅读和参考。

（四）建立人才资本储备基地

转变经济增长方式，归根到底要依靠科技进步和提高人才素质，而高等教育体系可以大批量培养高素质人才。可以说，高校毕业生正是经济建设和社会发展的生力军，在高校毕业生中挖掘潜在人才并进行人才储备，也是组织为实现人才资本增值重要的途径。

在高校建立人才资本储备基地，可以通过校园招聘直接吸纳毕业生；可以建立大学生实习制度，通过实习发现符合公司需要的人才；可以在专业对口的高校建立实验基地并合作开发项目，从项目运作中发现好苗子。比如有些APP应用，就是高校实验基地的学生设计并开发出来的。

（五）建立人才梯队计划

建立人才梯队计划，也是组织实现人才资本储备的有效方式。当现有人才还在发挥作用时，未雨绸缪地培养该职位或人才的接班人，如果该职位出现空缺，或现有人才发生流动，储备的人才资本就可以及时补充。人才梯队计划可以分批次建设，把适合度最高的人才资本纳入第一梯队，需要经过一段时间培训才能适合职位需要的纳入第二梯队，具有潜在素质，但需要经过长期培养的人才可以纳入第三梯队，这样就形成了各层次水平不同的人才梯队，有效地避免组织运营中出现人才断层现象。

人才梯队主要也是内部人才资本的配置，纳入人才梯队的人才还需要建立配套的培养和跟踪管理机制，当人才资本状况发生变化要及时更新。比如用友的“红鹰计划”，就是从全集团人才梯队中甄选出十名高潜质人才，并针对每个高潜质人才制订详细的培养和提升计划。

六、人力资本增值

人力资本就是体现在劳动者身上的可用于生产产品或提供各种服务的智力、技能以及知识的总和。人力资本增值就是通过对人力资本的积累、投资和扩充，促使人力资本的价值得以提升。

人力资本的增值对于现代企业保持竞争优势具有战略性的意义，能有效地提升企业竞争力。对人才而言，增值者继续就职于原单位或另谋他职都将具有更大的优势，并可以提高薪酬待遇。

人力资本通常是教育、培训、实践等活动的产物，因此具有生产成本。传统人力资源管理理论中，企业培训员工被认为是天经地义，培训成本自然由企业承担。但人力资本理论认为培训能增加员工未来工资收入，有利于员工的职业发展，因此员工应承担培训成本。当然，这只是理论上的争论，在管理实践中，基本还是以发起方为判断依据，如果是企业主动发起的培训，一般由企业承担，而员工自主参加的培训，一般由员工自己承担。但也有企业为了鼓励员工不断学习，主动报销培训费。

实现人才增值，既是企业管理的目标，也是人才追求的目标，在人力资本管理阶段，人力资本增值的目标甚至优先于财务资本增值的目标，有了人才资本，就能创造价值，并带动企业资本的迅速增长。基于这一变化，企业在人力资本上的投入要超过在公司盈利等方面的投入。

要实现人才资本不断增值，人才就需要不断学习，扩充自己的知识面，提升专业技能，增强综合素质。而对企业来说，更要建立实现人才资本增值的完善体系。

（一）通过聚才实现增值

企业要通过招聘甄选，不断搜罗企业合适的人才，将人才盘子不断扩大，企业实现人才增值才有现实的基础，所以，人才招聘是人才资本增值的前提。另外，企业聚集到的人才资本越多，为企业创造的价值就会越大，企业资本总值也就会不断增长。

对于企业来说，虽然人才资本是增值的前提，但并非只要是人才就想搜集，而必须根据企业承受能力、业务特点、管理风格等筛选合适的人才资本。在图 2–3 人才增值曲线图中，只有业绩和潜力均高的人才资本，才是企业需要全力寻觅并保留的资本。

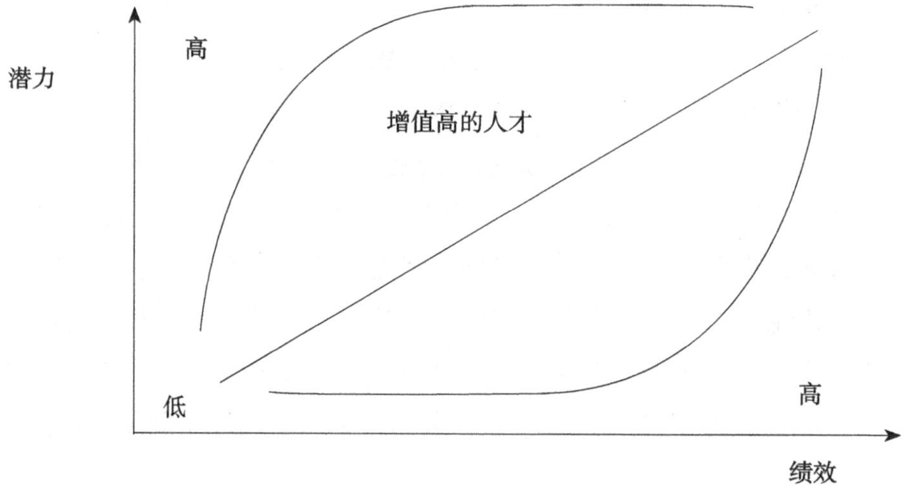

图 2–3　人才增值曲线图

基于业绩和潜力的曲线图，最上方的曲线代表高增值的人才资本，最下方的曲线代表低增值的人才资本。在人才招聘策略上，高增值人才当然值得投入更大的精力和成本。另外，从人才增值曲线图中也可以看出，即使是高增值人才资本，也有业绩低下的过程，企业需要为人才资本提供一定时间的缓冲期，在人才资本的使用上不能急功近利。

（二）培训是人才资本增值的法宝

人力资本的增值靠的不是炒作，而是要靠有组织的学习。比如刚毕业的大学生虽然综合素质较高，但实际工作能力还很弱，这时候的资本还处于待开发状态，需要通过培训进行挖潜增值。现代社会已经进入知识爆炸年代，随着移动互联网的快速发展，信息技术、管理技术、专业技术等的更替周期变得越来越快，人才如果不持续充电和培训，资本价值就会停滞不前，无法实现有效的增值。

培训可以把原本不适合企业的员工打磨得“恰到好处”，而全方位的培训，则涵盖了契合团队的员工，同时让企业可以在这样的员工的共同努力下迈向更美好的明天。所以，任何一个想把自己的企业做大做强的领导者，都要看到人才增值的重要性，即看透培训的本质。

全方位的培训包括对不同潜质的员工进行专门的培训，也包括对不同岗位的员工进行有针对性的培训，这种目的性明确的培训，使得企业员工自己能够更客观地认识自己，从而据此对自己进行新的规划。

（三）打造学习型组织

近年来，国内外许多企业出现了创建学习型组织的热潮。学习型组织是将系统动力学与组织学习、创造原理、认识科学、群体沟通对话与模拟游戏等结合起来并发展而成的一种新的组织蓝图，这种组织能让团体中的成员学习越多越感觉到自己的知识欠缺，从而激发更大的学习动力；能让组织日新月异，不断创造未来；能让团体中的员工通过学习而感悟人生的真谛。在学习型公司，企业更像学校，像一个学习“实验室”。它致力于新知识的创造和新技能的提升。

学习型组织包含五项要素：

- 建立愿景：凝聚公司上下的意志力，通过组织共识，大家努力的方向一致，个人也乐于奉献，为组织目标奋斗。

● 团队学习：团队智慧应大于个人智慧的平均值，以作出正确的组织决策，通过集体思考和分析，找出个人弱点，强化团队向心力。

● 改变心智：组织的障碍，多来自个人的旧思维，例如固执己见、本位主义，唯有通过团队学习，以及标杆学习，才能改变心智模式，有所创新。

● 自我超越：个人有意愿投入工作，专精工作技巧的专业，个人与愿景之间有种“创造性的张力”，正是自我超越的来源。

● 系统思考：应透过资讯搜集，掌握事件的全貌，以避免见树不见林，培养综观全局的思考能力，看清楚问题的本质，有助于清楚了解因果关系。

学习是心灵的正向转换，企业如果能够顺利导入学习型组织，能够实现更高的组织绩效，激发组织的生命力，并带动人才资本的不断增值。

（四）组织的多象限化设计

移动互联时代，组织设计的最主要倾向是去中心化，每个员工都可以在多象限化组织中成为自组织的核心。这种组织设计也契合目前国家大力倡导的“全员创新、全民创业”的时代大潮。

把去中心化组织的成员联系在一起的不是企业管理者，而是某个共同的理念或者需求。有时候组织有一个名义上的领导，但其对整个组织的控制能力极其有限，更多的是一个精神领袖。组织的信息和智力分布在所有成员中，并没有统一的发展计划，最好的主意往往来自第一线而不是来自决策层。这使得去中心化组织能快速演化。

多象限化的组织设计具有的这种去中心化特征，可以充分发挥人才资本的潜能，让人才资本以企业经营者的心态和手段来经营自组织，培养宏观的决策能力、巧妙的团队管理能力等，更有利于人才资本的能力拓展，实现人才资本的快速增值。

（五）人才的企业化包装

人才在组织中，就像老鼠在佛塔上。老鼠能接受万众的膜拜，往往不是因为老鼠自身具有的神通，而是人们对佛塔的崇敬。企业组织就像一个佛塔，要致力于将吸附在身上的人才资本进行包装并推广，成为业界受人尊敬的精英，从而实现人才资本的更大增值。

企业对人才资本进行包装的途径很多，比如参加行业研究会、通过网站进行人才宣传等。移动互联网时代，蓬勃发展的网络论坛和社交 APP 应用，更是为人才宣传和推广提供了更为丰富而便捷的渠道。

（六）人力资本配置和优化

企业要实现人才资本的增值，需要通过人才素质测评、职业生涯管理等对人力资本进行配置和优化。人才素质测评可以对人才资本的特性进行深入全面的了解，职业生涯管理可提前描绘人力资本的发展通道。

人力资本的配置和优化，可以使人力资本发挥最大价值，并能确定人才增值的具体方法和方向。

另外，一些传统的管理手段，比如岗位轮换、工作锻炼、工作再设计等，也是实现人力资本增值的有效途径。管理技术无所谓最佳，只要能实现既定的人才资本增值的目标，任何手段和方法，企业都值得去尝试。

本章小结

本章从人才资本的角度出发，阐述人才资源转变为人力资本后所引发的管理理念上的改变，比如介绍人才价值链管理的内涵。

人力资本的投入产出分析方面，本章简要介绍人力成本分析及人力价值分析的工具和方法。

人力资本储备方面，本章重点介绍了人才库、复合型人才、人才信息共享、人才储备基地、人才梯队计划等五种重要的聚才手段。

人才资本增值方面，本章重点介绍人才招聘与培训、学习型组织、多象限化组织设计、人才包装、人力资本配置和优化等五种主要的增值途径。

第二部分　突破聚才增值的瓶颈

招聘的目的是找到实现企业战略目标所需要的人才，并且合理地使用和留住人才，从而形成结构优化、能力适配和高度创新的人才梯队。因为人才的质量是企业实现组织战略目标的关键因素之一，有效的招聘不仅能够为企业找到合适的人才，而且能够有效地储备人才，提高企业的核心竞争力，对企业的人力资源管理有着非常重要的意义。同时，对外招聘也是企业对外宣传的一种方式。

在实际的招聘管理工作中，人才招聘存在着诸多的瓶颈，导致企业总是找不到适合的人才，人才也找不到满意的工作。要想突破聚才增值的瓶颈，笔者认为首先需要建立一套科学、规范的招聘管理体系，并以工作分析和素质测评作为技术和管理的支撑。招聘体系、工作分析、素质测评之间的关系如下图所示：

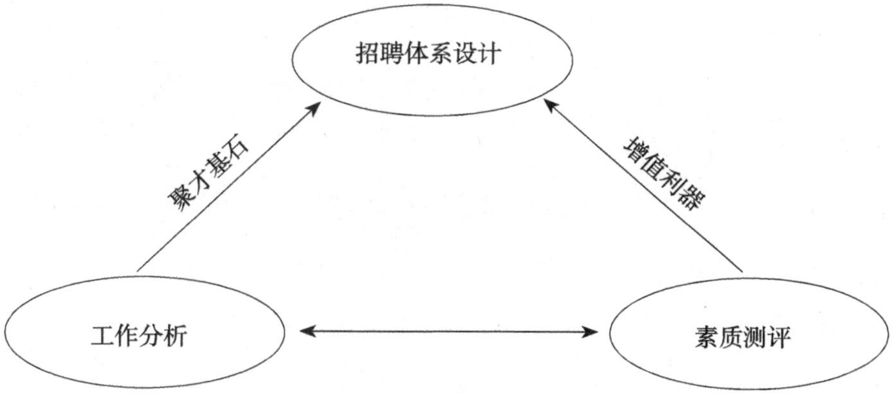

图：聚才增值管理体系

建立科学、规范、完善的招聘管理体系，是招聘工作能有序开展的基本保障。无论移动互联网技术如何发展，管理的内核是永远不会变的，具体到招聘管理，其内在的管理逻辑，比如招聘战略规划、招聘需求分析、招聘渠道管理、招聘计划实施、面试管理、录用管理、招聘效果评价等都不会消失，新技术新功能只是为实现这些职能提供更先进的方法和工具。

工作分析是通过系统全面的情报收集手段，提供相关工作的全面信息。工作分析是人力资源管理工作的基础，也是招聘工作开展的重要前提。只有进行细致、完善的工作分析，建立详细的职位说明书，才能对职位有个全面的了解，也才能据此寻找合适的人才。可以说，工作分析是现代人力资源管理的基础，只有在客观、准确的工作分析基础上才能进一步建立科学的招聘、培训、绩效考核及薪酬管理体系。

素质测评通过量表、面试、评价中心技术、观察评定、业绩考核等多种手段对求职者的素质进行综合测评。采用人才素质测评技术，可以对求职者的性格、能力、价值观、胜任特征等进行初步的了解，为识人选才提供重要的参考依据。

第三章　科学有效的招聘设计

人才是立业之基，兴业之本。招聘甄选是公司人力资源战略体系的基石，是人力资源薪酬、考核、培训、福利、激励等各子系统运作的前提和基础。有鉴于此，按照规范的理念、流程、方法工具和政策来实施招聘甄选工作，是体现公司招聘甄选工作战略地位的根本保证。招聘甄选和人力资源其他模块之间的关系如图 3–1 所示：

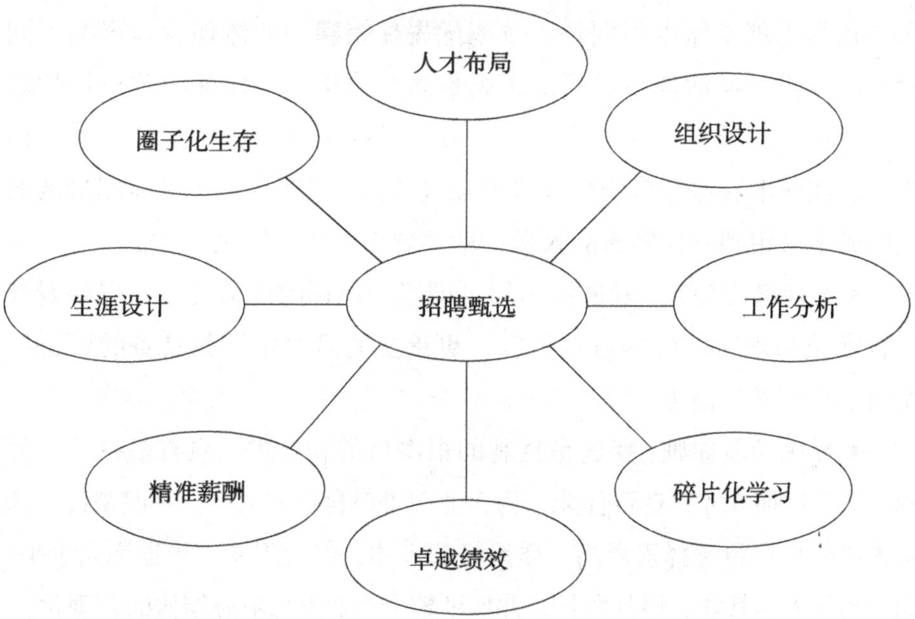

图 3–1　招聘甄选和人力资源其他模块之间的关系

建立科学有效的招聘管理体系，可以为招聘工作提供稳定、规范的管理支撑。无论技术如何发展，基础管理的规范性都是必需的，技术无非是提供更加先进的手段和工具。

要建立科学有效的招聘体系，就必须遵循规范的招聘管理流程，在招聘需求分析、招聘计划管理、招聘实施管理、面试管理、背景调查、录用管理、招聘效果评估等各个环节建立一整套规范、实用的工具和模板。

科学有效的招聘设计，需要遵循以下原则：

- 双向选择原则：用人单位根据自身发展和岗位的要求自主地挑选员工，人才根据自身能力和意愿，结合人才市场供求状况自主选择职业，即企业自主选人，人才自主择业。双向选择原则一方面能使企业不断提高效益，改善自身形象，增强自身吸引力；另一方面，还能使人才为了获得理想的职业，努力提高自身的知识水平和专业职业素养，在招聘竞争中取胜。

- 效率优先原则：效率高的一方能在激烈的市场竞争中赢得主动权，人员招聘管理工作也不例外。效率优先在招聘中的体现就是根据不同的招聘要求，灵活选用适当的招聘形式和方法，在保证招聘质量的基础上，尽可能降低招聘成本。一个好的招聘系统，能够保证企业用最少的雇佣成本获得适合职位要求的最佳人选；或者说，尽可能用最低的招聘成本录用到同样素质的人员，即体现效率优先原则。

- 发展潜力原则：发展潜力原则即组织所招聘的员工，不仅要看其综合素质与现时职位的符合程度，更重要的是要重视其具备的可持续发展、可开发的潜力。

- 择优录取原则：择优是招聘的根本目的和要求，只有坚持这个原则，才能广揽人才，选贤任能，为企业引进最合适的人员。一般来说，选聘人员时应尽量选择素质高、质量好的人才，但也不能一味强调高水平，而应当是人尽其才、用其所长，并保证整个企业人力资源结构的合理化。

- 按需招聘原则：招聘一定要根据组织工作的实际需要和未来的实际需要制定招聘政策。

- 重点招聘原则：在组织人员的招聘过程中，要坚决贯彻“二八定律”，要尽量招聘属于20%的重点人才。

• 公平公正原则：招聘程序要公开、公平、公正，让尽量多的人才有参与竞争的机会，并对所有应聘者一视同仁，不得人为地制造各种不平等的限制条件或不平等的优惠政策。

• 员工参与原则：企业应该鼓励员工推荐优秀的候选人，协助人力资源部门审核潜在候选人的简历与资格，协助或主导招聘甄选过程中的候选人面试，评估候选人的潜力是否适合组织及招聘岗位的需求。

公司招聘甄选工作要严格按照规范的流程操作，超越正常流程之外的招聘甄选活动，需要经过特别的审批，否则应视为无效。招聘甄选流程如图3–2所示：

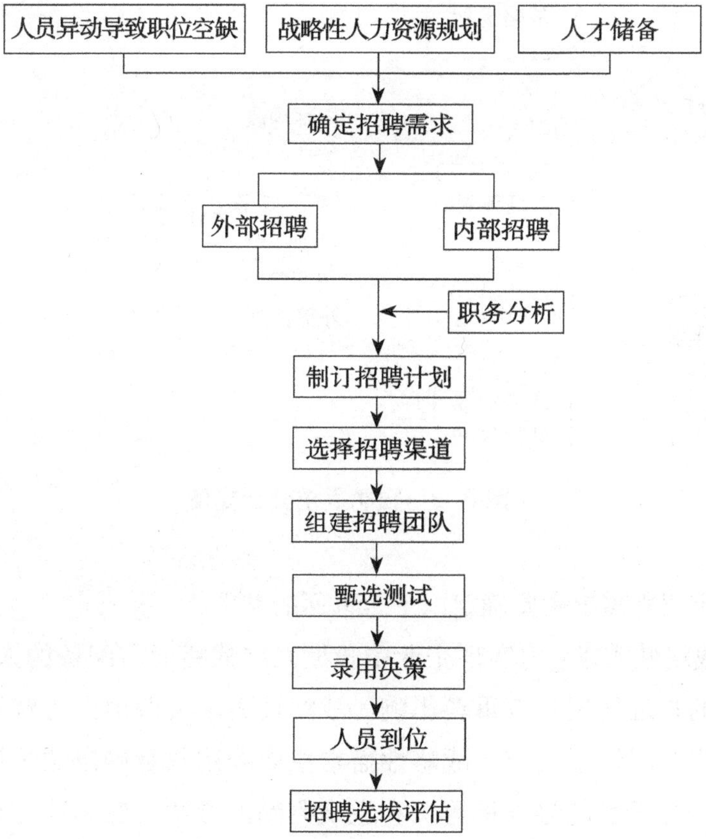

图3–2　招聘甄选流程示意图

一、招聘需求分析

招聘需求分析是根据企业战略规划、当前及预期的职位空缺情况，确定企业需要通过招聘来配置相应职位的数量、质量与结构，它是一项系统而专业的工作。招聘需求分析是人力资源管理者必须持续关注的工作焦点，在企业特定的发展阶段、特定的文化背景下，面对变动的市场环境和弹性的岗位要求，人力资源管理者需要明确企业到底需要什么样的人、到底需要多少人等。招聘需求分析模型如图 3-3 所示：

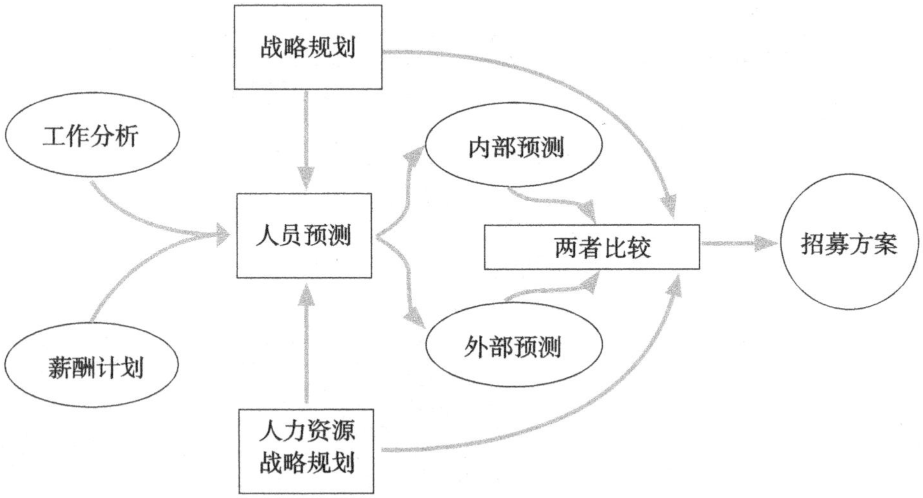

图 3-3　招聘需求分析模型

确定招聘需求主要确定以下三方面的需求：

● 战略性需求：为实现企业中长期发展战略而需配备的人员数量，对企业的长远发展具有重要影响。战略性需求一般由人力资源部门与企业高层共同慎重决定。战略性需求主要采用数量确定的统计学方法（如回归分析、趋势分析等）和主观判断的方法。在实践过程中，如因需求预测受到许多不确定因素，如企业内部形势变化、市场变化、技术变化等因素的影响，难以用统计学方法精确地预测时，可采用目前普遍采用的主观判断法——根据公司总体战略及人力资源规划、市场发展趋势确定需求人员。

● 业务增长需求：根据企业业务增长需要确定人员需求。业务增长需求一般由业务部门提出申请。业务增长需求主要根据业务增长实际需求来确定，可以按照营业量进行推算。

● 员工异动引起的需求：人员异动主要包括因升降职、辞职、解雇、退休、意外等引起的人员变动。一般由需补充人员的部门提出申请。员工异动引起的需求主要采用统计法对已出现的或预期内必将出现的空缺数量进行申报。

确定招聘需求时必须从严控制，必须清楚哪些是必须尽快满足的需求，哪些是可以暂缓或者根据经营情况和外部经济形势可以自然消解的需求。对人力需求的配置程度也要进行控制。是全额配置满足需求，还是保持一定的“饥饿”状况。保持饥饿状态的目的，主要是充分发挥现有员工的能力，防止机构臃肿，并为内部人员调剂留下空间。

根据各用人部门提报的招聘需求，人力资源管理部门需要对其进行汇总统计，并形成公司年度人力需求预测表（见表 3-1）。

表 3-1　　人力需求预测表

		当前人数	新增人力				当前人力预期流失							全年需求人数
			A	B	C	小计	调动	晋升	辞职	退休	解雇	其他	小计	
1	经理层													
2	部门负责人													
3	工程师													
4	技师													
5	本科毕业生													
6	大专毕业生													

续表

		当前人数	新增人力				当前人力预期流失							全年需求人数
			A	B	C	小计	调动	晋升	辞职	退休	解雇	其他	小计	
7	工人													
8	服务人员													
9	其他													
员工总数														

表格说明：

（1）表格中 A 表示战略性需求，B 表示业务增长需求，C 表示人才储备。

（2）正式确定为招聘需求的职位，必须由申报部门进行简单的成本收益分析，人力资源部予以审核，以确保招聘需求的合理性与必要性。

（一）招聘需求数量分析模型

要确定招聘需求数量，首先需要各用人部门将用人需求及人员变动需求汇总上报，招聘者根据该报告进行综合分析和判断。如图 3–4 所示：

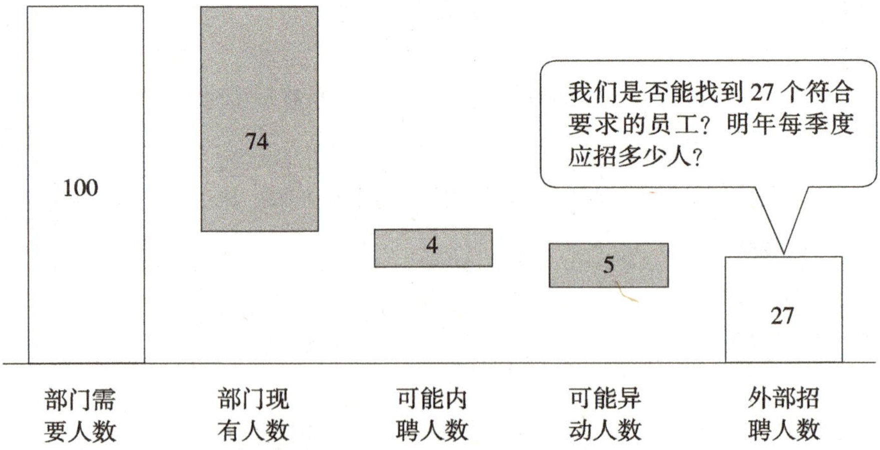

图 3–4　招聘需求分析模型

在该招聘需求分析模型中，部门编制是100人，现有人员74人，可能通过内聘招到4人，预计编制是78人，但同时有5人需要流出，预计编制减少为73人，则该部门出现27人的人才缺口。由此可以确定该部门的招聘需求为27人。

（二）招聘需求质量分析模型

对招聘需求的质量进行分析，可以依据年龄、学历、工作经验等指标进行统计。如图3-5所示：

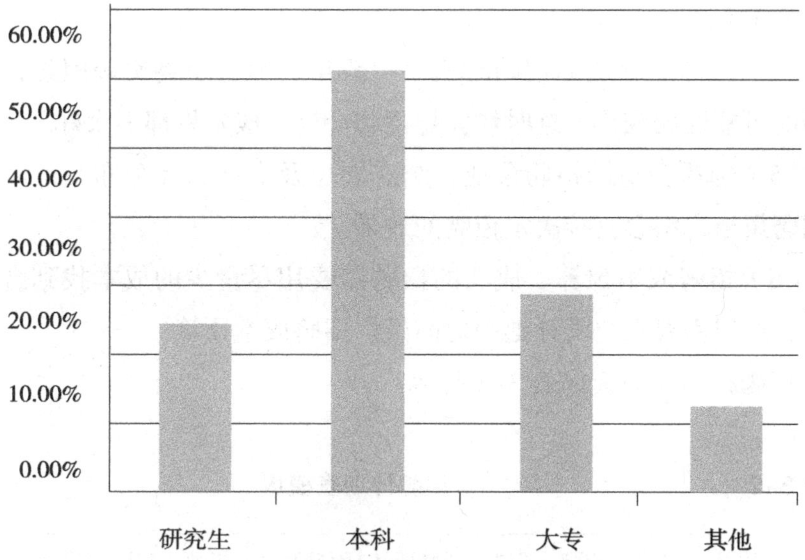

图3-5　招聘需求数量分析模型

根据需求缺口27人所需学历分析，可以知道需要本科以上学历将近70%，招聘需求的质量要求比较高。

二、招聘计划管理

招聘计划是正式招聘前拟订的关于招聘对象、招聘渠道、招聘团队、甄选测试、招聘时间等内容的计划，作为具体招聘工作的指导。

招聘计划是招聘选拔工作的行动依据，是开展正式招聘选拔工作的首要工作。招聘活动的安排应坚持集中统一、频次精少、节俭高效的原则。制订招聘计划要做好如下几项工作：

（1）对企业战略目标进行解读，比如企业规模是否扩大、是否有新增部门、新增业务等的战略构想等。

（2）要汇总统计各部门的人力资源需求。招聘计划要立足于各部门的实际需求，否则是无源之水、无本之木。

（3）要根据企业发展需要及岗位要求进行分类，对每一个岗位进行重新评估。比如员工是否有流动倾向，现有人员能否满足企业未来用人需求等。

（4）选择最合适的招聘时机。一般年底因为年终奖等因素，员工流动的可能性比较小，这时候安排招聘计划一般效果都不太好。

（5）选择合适的招聘渠道，结合岗位及潜在人才分布状况，来选择招聘渠道，将会直接决定招聘的效果。

（6）招聘成本预算。成功的招聘需要用尽量少的成本找到合适的人才，所以需要在招聘计划中提前做好招聘成本预算。

招聘计划表模板如表 3–2 所示。

表 3–2　　招聘计划表模板

	招聘职位	招聘数量	招聘渠道	广告媒体	招聘团队成员名单	甄选测试方式内容	招聘时间	到岗时间	招聘成本预算	备注
1										
2										
3										
4										
5										
…										
合计										

招聘计划是对全年招聘工作的总体安排，界定了招聘甄选后续流程的操作方式及时间，对整个招聘甄选工作的成效有着至关重要的影响，所以应当予以充分重视，切勿流于形式。另外，市场环境及企业环境都是在随时变动的，当发生变化时，招聘计划也需要相应地进行调整。

三、招聘渠道选择

现今的招聘渠道众多，有内部招聘、熟人推荐、报纸广告、人才市场、校园招聘、中介机构、猎头服务、网络招聘，乃至目前如火如荼的社交化招聘等。每一种招聘渠道都各自有自己的优缺点，需根据招聘岗位的工作难易程度和级别的高低，选择不同的招聘渠道。

如何来选择一个好的招聘渠道一直是困扰人力资源管理者的问题之一。要选择合适的招聘渠道，需要考虑以下三个属性：

- 招聘渠道的目的性：招聘渠道的选择是否能够达到招聘的要求。
- 招聘渠道的经济性：在招聘到合适人员情况下所花费的成本最小。
- 招聘渠道的可行性：选择的招聘渠道符合现实情况，具有可操作性。

好的招聘渠道，应该是具有可行性，能有效降低招聘成本，并能帮助企业招聘到合适人才。

（一）内部选聘和外部招聘

招聘渠道按照招聘人员来源方式不同可分为内部选聘和外部招聘。所谓内部选聘，就是当公司出现空缺的位置时，主要是通过提拔内部员工来解决招聘问题；外部招聘则主要是吸收外部新鲜血液来解决招聘问题。企业在进行招聘活动的时候，是采取内部选聘还是外部招聘，取决于多种因素，主要有招聘职位的要求、组织的文化、外部经济环境、人才市场状况等。

内部选聘主要具有如下四个优点：

第一，从选聘的有效性和可信度来看，管理者和员工之间的信息是对称的，内部员工的历史资料有案可查，管理者对其工作态度、素质能力以及发展潜能等方面有比较准确的认识和把握。

第二，从企业文化角度来分析，员工与企业在同一个目标基础上形成的共有价值观、信任感和创造力，体现了企业员工和企业的集体责任及整体关系。员工在组织中工作过较长一段时间，已融入到企业文化之中，视企业为他们的事业和命运的共同体，认同组织的价值观念和行为规范，因而对组织的忠诚度较高。

第三，从组织的运行效率来看，现有的员工更容易接受指挥和领导，易于沟通和协调，易于消除边际摩擦，易于贯彻执行方针决策，易于发挥组织效能。

第四，从激励方面来分析，内部选聘能够给员工提供一系列晋升机会，使员工的成长与组织的成长同步，容易鼓舞员工士气，形成积极进取、追求成功的氛围，达成美好的远景。

但是，内部选聘本身也存在着明显的不足。比如，内部员工竞争的结果必然是有胜有败，可能影响组织的内部团结；组织内的近亲繁殖、长官意志等不良现象，可能不利于个体创新；内部选拔可能因领导好恶而导致优秀人才外流或被埋没；内部选聘容易产生裙带关系，滋生组织中的小帮派、小团体等，削弱组织效能。

外部招聘主要具有如下四个优点：

第一，新员工会带来不同的价值观和新观点、新思路、新方法。外募优秀的技术人才、营销专家和管理专家，他们给组织带来新的技术知识、客户群体、管理技能等，往往都是无法从书本上直接学到的巨大财富。

第二，外聘人才可以在无形当中给组织原有员工施加压力，形成危机意识，激发斗志和潜能，从而产生“鲶鱼效应”，通过标杆学习而共同进步。用形象比喻，就是引进一匹狼，激活一群羊，带出一群狼。

第三，外部挑选的余地很大，能招聘到许多优秀人才，尤其是一些稀缺的复合型人才，这样还可以节省大量内部培养和培训的费用，并促进社会化合理的人才流动，加速全国性的人才市场和职业经理人市场的形成。

第四，外部招募也是一种很有效的信息交流方式，企业可以借此树立积极进取、锐意改革的良好形象。

外部招聘也不可避免地存在着不足。比如，由于信息不对称，往往造成筛选难度大，成本高；外募员工需要花费较长时间来进行培训和定位；可能挫伤有上进心、有事业心的内部员工的积极性和自信心；引发内外部人才之间的冲突；外部人员有可能出现水土不服的现象，无法融入企业文化潮流之中；可能使企业沦为外聘员工的中转站等。

其实，内部选聘和外部招聘这两种方式并非是针尖对麦芒，而是相辅相成的，企业可以根据战略导向、选聘目的、环境条件等来确定，甚至可以融合互补使用。

（二）招聘渠道比较

招聘渠道按照出现时间先后可分为传统招聘渠道和现代招聘渠道。传统的招聘渠道和现代的招聘渠道并没有什么优劣好坏之分，人事主管在选择招聘渠道的时候，不要一味选择流行的，而应该选择适用的，须知合适才是最好的。

传统招聘渠道主要包括员工推荐、广告招聘、职业中介、现场招聘、校园招聘、网络招聘等。

员工推荐主要是通过公司自身员工举荐新员工。这种推荐方式目前在国际、国内很多公司得到广泛的应用，例如微软公司、嘉信理财等。微软公司的“伯乐奖”就是为那些举贤荐能的员工所准备的。员工推荐对招聘专业人才比较有效，而且招聘成本小、应聘人员素质高、可靠性高。

广告招聘主要是通过电视、报纸等媒体刊登广告进行招聘。对于企业来说，这种招聘处于被动，对于应聘的人数和应聘人的资格就很难进行控制。同时，随着新媒体的冲击，电视、保持的阅读人群逐步萎缩，广告效应也就随之逐步降低。

职业中介是通过职业介绍所、就业服务中心等进行招聘。其中通过学生就业服务中心招聘人才，也属于校园招聘的一种。通过职业中介招聘的职位，一般是层次低、大批量的招聘，比如服务员、操作工等。而通过学生就业服务中心招聘的职位，和校园招聘一样，一般倾向于储备大量人才。

现场招聘通过参加社会举办的供需见面会，或者自行组织的现场招聘会寻找合适人才。招聘会也是一种被动式的招聘方式，招聘会上可以进行面对面的交流，但是双方只能进行初步的选择，公司将大量的信息带回公司后，还需要进一步筛选。

现代的招聘渠道主要包括猎头推荐、网络招聘、社交化招聘等。

猎头招聘主要通过猎头公司寻找合适人才。猎头招聘其实也可以归为传统招聘，很多猎头公司也开始向移动互联方向转型，构建基于社交化的猎头招聘模式，比如猎聘网。随着人才市场的进一步开放，猎头公司在人员招聘中发挥的作用越来越明显。猎头公司是通过专业人士为企业招聘服务的机构，猎头公司服务对象主要是招聘高级管理人才和高级专业人才，这类人才稀缺性较高，而且企业用人需求比较急迫。

网络招聘通过公司网站或专业招聘网站发布招聘信息，从而可以面向社会大面积搜罗人才。专业招聘网站如中华英才网、前程无忧、智联招聘等。网络招聘其实也是一种被动式的招聘方式。网络招聘的主要优点是招聘的成本比较低，信息收集及时、充分，缩短企业招聘时间；主要缺点是不能控制招聘人员数量和质量、不能进行面对面的交流、不适用经济不发达地区、不适用电脑水平较低的人群等。

社交化招聘是通过社交媒体，通过各类圈子发布招聘信息，借助人际关系海量收集人才。在移动互联时代，每个人都是自媒体，都可以成为信息转载和传播的角色，所以，社交化招聘可以实现招聘信息的无限传播。另外，由于人才背后都有自己的社交圈，这种信息传播的受众往往更具有针对性，招聘效果甚至更好。可以说，移动互联技术越发展，社会信息化化程度越高，社交化招聘会也就越来越成为主流的招聘模式。招聘渠道优劣势比较如表 3-3 所示。

表 3-3　　招聘渠道优劣势分析

序号	渠道名称	主要优点	主要缺点	提高成效的要点	适用情况
1	广告招聘	信息传播快，覆盖面广、易于控制应聘者应试方式和招聘时间可以“蔽屏”企业信息	依赖于广告媒体的公信力和权威性经常吸引大批不合格的应聘者	AIDA 原则选择最合适的广告媒体与受众内容要简明清楚，限制不符条件者申请	各层次员工、临时雇员、急聘人员
2	职业中介	固定场所，有稳定的求职人群，人才机构一般有储备人才库资源人才机构可代办部分手续	应聘者素质难以保证，随机性大，往往一次难以招到理想人选	一般不要委托职业机构招聘选择信誉好、应聘者多的人才机构 提前了解供求信息	急聘人员、大批量工人、中低层管理者
3	现场招聘	应聘者众多，选择面广，可以一次性招到多种人才可以现场反馈、效率较高	工作量大，有明确的时间限制	准备好各种宣传资料和招聘工具，组成合理的招聘团队，有助于提高现场决策水平	大学毕业生、专业技术人员、各层次管理人员
4	校园招聘	可以有重点地选择专业水平高的应聘人群 应聘学生的情况较易了解，测试应聘者较方便	成本较高，费时，容易产生负面影响	选派年轻精干的人员去招聘确定重点院校，尽快给予应聘学生答复	大学毕业生专业技术人员
5	猎头招聘	具备专业的网络人才的能力，节省企业的精力，挖掘其他公司人才不易被发现	费用很高，耗时长，往往需几经周折，依赖于猎头的水平	寻找信誉良好、专业能力强的猎头公司向猎头公司全面清晰地描述招聘要求事先确定服务及付费方式	高级主管人员、高级技术人员
6	网络招聘	信息传递快，受众面广，成本低廉，效率较高，可以进行在线测试与反馈	应聘人员的回应时间、数量不易控制，网上应聘者可信度较低往往招来大量不合条件的申请者	借助权威性的人才网站招聘，限制不符合条件者的申请	专业技术人才、中低层管理者
7	社交化招聘				

招聘渠道虽然很多，企业在招聘时，也需要结合公司资源、招聘岗位特征以及潜在人才分布状况，选择合适的招聘渠道。招聘渠道选择模型如图 3-6 所示：

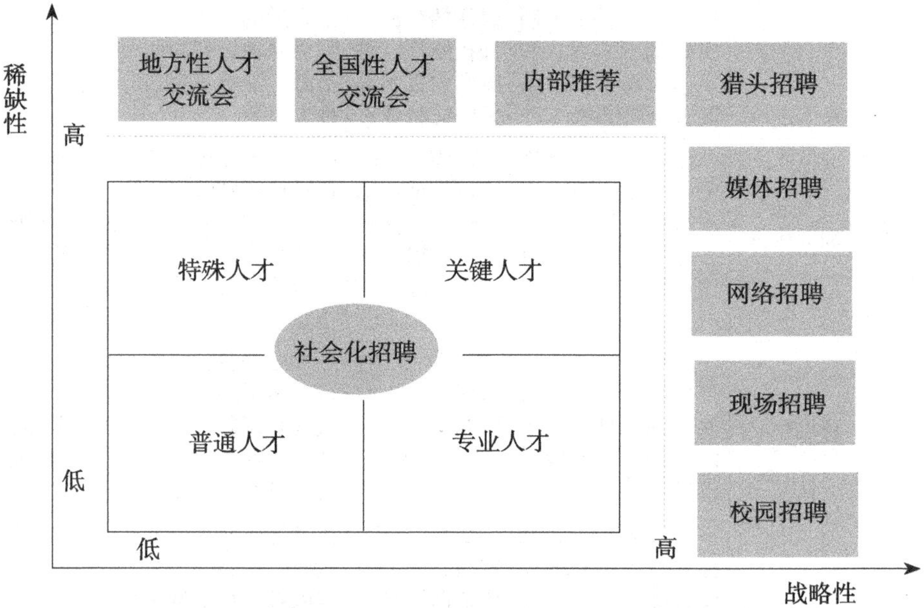

图 3-6　招聘渠道选择模型

本模型中，从战略性和稀缺性两个维度出发，对现有招聘渠道进行梳理。企业在具体应用中，可以根据关注点的不同，选择其他维度进行比较，比如将“成本性”纳入衡量标准，则招聘渠道的选择结果就会完全不同。不同的招聘渠道对应不同的招聘成本，在选择招聘渠道的时候，企业也需要综合考虑招聘成本。

随着移动互联网的快速发展，通过电脑、手机上网的用户越来越庞大，社交化招聘理论上可以覆盖全社会乃至全球。当然是否采用社交化招聘，也需要看职位的具体情况，并非是所有的职位都要通过社交圈来寻找人才。

四、招聘面试技术

面试是招聘活动中应用得最为广泛的甄选测试手段，是企业获取申请人能力、任职资格、价值观、态度、才智等心理特征及应聘动机的最直接的方式。经过人力资源管理者精心设计，在特定场景下，面试人与应聘者面对面交谈，通过沟通和观察，由表及里对应聘者进行观察，并作出应聘者是否适合岗位需要的判断。

面试为公司和应聘者之间提供了双向交流的机会，能使公司和应聘者之间相互了解，从而双方都可更准确做出聘用与否、受聘与否的决定。它具有如下特点：

- 具有双向沟通性。
- 主动权控制在面试人手中，可以对所提问题灵活掌握。
- 获得的信息丰富、完整和深入，不但可以获取必要的语言信息，而且还可以从应聘者的表情、姿态、动作等获取丰富的非语言信息。

（一）建立明确的标准

不同的企业，不同的岗位，对候选人的胜任特征也是有不同的要求，企业需根据自身所处的发展环境，以及竞争对手状况来确定所需员工的胜任特征。例如，在企业的初创阶段，就需要大量有经验的人来完善企业的制度和业务；在快速成长阶段，需要具有创新和变更能力的员工，通过不断地革新，来扩大自己的市场份额。

一般来说，招聘标准最基本的是两条：首先，是否具有满足该职位的能力，这是任何企业、任何职位选人的前提；其次，求职者的观念是不是跟公司合拍，是不是与时代合拍。只有跟公司合拍，才能更好地融入企业文化。只有跟时代合拍，才能与时俱进，不断地充实自己。

当然，标准并不是死的，也会随着企业的发展而变化。一个标准不会长久适用于一个企业甚至一个岗位。另外，由于企业管理风格、价值导向等的不同，往往也不能生搬硬套其他企业同类职位的招聘标准。

确定招聘选才标准要“源于实际，高于实际”，而不是过于追求理想化，根据企业实际状况，当客观条件与主观条件达到统一，就是企业的选才标准。

招聘标准的来源，主要是职位说明书，也可以基于冰山模型、洋葱模型等构建胜任特征。

（二）组织有效的面试

面试的成功与否直接决定着招聘的有效性，因为面试可以说是招聘甄选过程中最关键的环节。

作为面试人，应该在面试之前阅读应聘者的详细资料，提炼应聘资料中的有效信息，为面试时的交流和考察提供资料。

在对应聘者资料进行审读时，面试人要意识到应聘者资料有可能被包装过，应该特别注意异常信息，比如中断学业或职业、经常转换工作但事业无进展、成就和奖励描述、薪酬变化、撰写简历的风格和能力、文凭及其他与职业有关的有效资格证书等。

在正式面试开始之前，一般还建议先进行电话面试，对应聘者资料中不详细或者有疑问的信息进行补充了解，有利于进一步准确地选拔，并了解应聘者最近状况和意愿，挑选若干名最合适的应聘者。

面试环境建议要相对独立、封闭、安静和舒适，确保面试过程不被工作、外来人员、电话等打扰，以保证面试的效果，同时也是对应聘者的重视和尊重，能让应聘者在宽松、和谐的面试环境中尽情发挥，提高面试的有效性。

（三）确定合格的面试人

面试总体上是一个主观性的测试判断过程，因此面试人的素质、性格、能力和经验，对于控制面试场景、保证面试质量具有决定性的作用。面试人一般应具备以下素质：

必须具备良好的个人品德和修养，必须有公正、公平、客观的品质；

• 应具备较深厚的专业知识和综合知识，在一个面试小组中，考官的专业知识组合不应该有缺口。

• 了解企业状况及职位要求，在坚持原则性的基础上，掌握灵活性的处理技巧。

• 面对各类应征者，能熟练运用各种面试技巧，控制面试进程。

• 应具备较丰富的社会工作经验和察言观色的能力，能直觉判断应征者的特征并通过询问得到客观的印证。

为了提高面试人的素质，要统一面试的操作方法和标准，需要对面试人进行简单的培训。培训内容主要包括面试的流程与操作方法、面试人的形象礼仪、企业形象、企业文化及职位要求、面试访谈技术和沟通技巧、心理学和行为科学基础知识、评分标准把握技术等。禁止行为（泄密、受贿、关系）教育

（四）选择合适的面试方式

根据公司规模、招聘职位特点、招聘团队构成、应聘者数量、应聘者特点等确定适当的面试方式。最重要的一点，必须通过面试，完成需要进行的面试内容。表 3–4 是按不同的分类方法列出主要的面试方式及其特点：

表 3–4　　面试方式分类

序号	名称	主要特点	适用情况
1	系列性面试	• 由不同面试官依次面试，面试过程不淘汰应聘者，最后将各考官面试结果按一定权重进行汇总 • 工作量较大	• 应聘者不太多的情况
	序列性面试	• 每一轮面试都将不合格人员淘汰，最后考官的级别最高 • 逐步淘汰提高效率 • 不占用高级主管过多时间	• 应聘者较多 • 比较重要的职位
2	一对一面试	• 一个考官面试一个应聘者 • 要求考官具备较高的综合素质和专业能力	• 小规模招聘 • 招聘较低职位
	面试团面试	• 多位考官同时对一位应聘者面试，考官可以从不同角度分别提问 • 节省时间，提高效率 • 应聘者压力大 • 考官间配合十分重要，否则易失控	• 中高级职位

续表

序号	名称	主要特点	适用情况
3	个人面试	• 每次参加面试的应聘者只有一人 • 是常用的面试方式	• 普遍适用
	小组面试	• 多个应聘者同时参加面试 • 多由主考官引导对基本某一问题进行讨论，考官要注重场面控制	• 应征者较多时 • 中低职位管理技术人员
4	结构化面试	• 事先将需向应聘者询问的问题按顺序列出，面试时按固定程序询问 • 问题涉及一般职位因素、教育程度、技术因素 • 或特殊因素、其他因素 • 能防止重要问题遗漏，但要避免过分呆板	• 普遍适用
	非结构化面试	• 根据考官需要临场随机地提出问题，获取信息 • 比较自由，但容易导致获取信息不全面	• 低级职位较多 • 面试官有丰富的经验
5	测试面试	• 在面试过程中进行一些较简单的测验，并依此进行询问 • 测试时不一定采用规范的测验技术	• 需要借助测试手段 • 提供相关信息时
	组合式面试	• 前面多种面试方式的组合 • 面试内容较多	• 高级职位

（五）确定面试题目

面试题目的设计，必须根据面试对象及招聘职位的特点，尤其是职位素质测评指标设计有针对性的面试题目。面试题目有效性的主要标准在于是否能够考察出相应职位测评指标的内容。面试题目分类如表 3–5 所示。

表 3–5　　面试题目分类

分类	特点及技巧	问题目的	示　例
封闭式	• 问题简单，只需作“是”或者“不是”等明确回答，至多加一句简单的说明	• 了解基本信息 • 确认某些信息 • 作为过渡性问题	• 你是本科学历吗 • 你何时参加工作 • 你从事某项工作有几年

续表

分类	特点及技巧	问题目的	示例
开放式	• 不能仅用一句话就回答清楚的问题 • 在短时间内能提供大量信息 • 应鼓励应聘人多说并从中获取信息，找到深入访问的切入点	• 了解应聘人的态度、信仰、价值观及逻辑思维能力、语言表达能力 • 提供面试官尚不清楚的信息	• 你为什么想来这儿工作 • 谈谈你前一个工作 • 你期望从新应聘的工作中得到什么 • 你曾经遇到的最大挑战是什么
细节性	• 往往是开放式问题的补充，可以了解应聘者更细节的内容 • 问题一般从应聘者自己提供的信息入手 • 要求应聘者谈得更明确具体，如说明理由、事端、结果等详细信息	• 了解更详细的信息 • 检验应聘者所谈观点是否有可靠的支持信息	• 请再谈谈你是怎样面对这些挑战的 • 你为什么感到成功 • 请你谈得更具体一些 • 这件事你最终是如何处理的
引导性	• 通过引导性提问征询应聘人的意向，需要和一些较为肯定的回答 • 希望应聘者对某一特定内容和情境作答	• 了解应聘者对工资、福利、工作安排等问题的态度	• 如果你首选的职位不能得到，愿意做别的工作吗 • 你认为试用期每月 1000 元能否接受 • 你是否需要公司为你提供住房
压迫性	• 问题多从应聘者的矛盾情境中出发 • 问题较为尖锐 • 不可涉及人身攻击	• 了解应聘者真实的求职动机 试探应聘者的性格情绪 • 检验应聘者说话的可信度	• 既然你过去的工作干得不错，为什么要离开那个公司 • 凭什么我们可以相信你的能力 • 为什么你三年跳了四次槽
连串性	• 一次连串地提出几个问题要应聘者回答 • 会给应聘者形成压力 • 一次问的问题不可太多	• 考察应聘人的反应能力、思维的逻辑性与条理性 • 考察应聘者情绪的稳定性	• 我问三个问题：第一，你为什么离开原单位？第二，你若到我们单位，有什么打算？第三，如果到我们单位发现与你设想的有距离，你会怎么办
假设性	• 采用假设的方式提问 • 虚拟的情境与实际招聘职位应基本吻合 • 可以提较尖锐的问题而不致显得过于生硬	• 考察应聘人的应变能力、思维能力和解决问题的能力	• 如果你在试用期表现不佳，你怎么办 • 如果你是这个部门的经理，你打算怎么办 • 如果你来处理这件事你会怎么办

（六）常用面试工具

常用的面试工具主要包括结构化面试、无履历面试和演讲面试：

• 结构化面试：结构化面试是指面试的内容、形式、程序、评分标准及结果的合成与分析等构成要素，按统一制定的标准和要求进行的面试。结构化面试首先根据对职位的分析，确定面试的测评要素，在每一个测评的维度上预先编制好面试题目并制定相应的评分标准，面试过程遵照一种客观的评价程序，对被试者的表现进行数量化的分析，给出客观的评价标准，不同的评价者使用相同的评价尺度，以保证判断的公平合理性。

• 无履历面试：是指面试考官在面试前不需要应聘人提供履历材料，这主要是为了避免受应聘人履历材料的影响（尤其是履历材料不真实时容易误导面试官）。考官在不了解应聘人背景的情况下考察其专业能力和综合素质，更能考核其真才实学。比如韩国三星公司采用这种面试方式取得了较好的效果。

• 演讲面试：面试时给定一个主题，由应聘者当众进行演讲阐述，面试人根据其演讲内容进行提问评分。比如 CISCO 中国公司在招聘新人时要求应聘者就某一技术或相关问题发表 45 分钟的英语演讲，然后回答提问。事实上，长时间的演讲可以充分表露应聘者的自信心、表达能力、专业素质、现场控制力、反应力等多方面的素质，而且很容易暴露自身存在的问题。

五、招聘价值评估

招聘价值评估是对整个招聘过程的有效性进行评价，有利于为组织节省开支，并持续改善招聘工作质量。

（一）招聘效果评估

招聘效果评估主要是对信度与效度的评估。效度和信度是检验招聘过程中所使用的各种测评方法的正确性与有效性，有利于提高招聘工作质量。只有信度和效度达到一定水平，才可根据测试结果作出录用决策，否则将误导招聘者，影响其决策质量。

招聘效果评估一般采用调查表进行。评价招聘部门的工作是否成功，可以从以下几个方面来看：

● 负责招聘的人员是否花时间与公司其他部门的经理们一起讨论他们对应聘人员的要求。合格的招聘人员会花相当多的时间来了解空缺职位的情况，同时，用人部门应该明确提出本部门职位所需要的关键技能和条件。一个有效方法是看看该部门表现出色的员工是如何工作的，然后再按照从他们身上发现的技能和品质去寻找自己的人选。

● 招聘部门的反应是否迅速，能否在接到用人要求后，短时间内就找到有希望的候选人。真正高效的招聘部门应该了解其他公司中干得出色的人并随时拥有各种候选人的资料。这就需要公司内部其他职能部门在平时就为招聘人员提供信息和便利。比如在平时参加商务会议或其他活动时，有意识的寻找将来可能会对公司有用的候选人，并随时把他们推荐给人事部门的招聘人员。而负责招聘的人员就可以开始为这些潜在的候选人建立档案甚至可以给他们打电话以了解其兴趣所在。如果公司内每个部门的人员都这么做，就可以拥有一个宝贵的人才库供随时使用。

● 部门经理们能否及时安排面试，如果不能，就会错过真正优秀的人才。当今的人才市场竞争异常激烈，许多候选人常常在一周的时间内要决定是否接受新的职位。总是推迟面试，实际上是在传递两个信息：一个是使面试人觉得自己并不是那么重要，一个是使本公司的招聘人员觉得自己的工作没有受到重视。

● 公司是否在物质资金方面给招聘部门支持并给予足够的授权。优秀的候选人大部分都以职业为重，但也非常关心自己能否得到特殊的对待，自己的工资待遇等条件能否得到满足。如果招聘部门有足够的权力和候选人进行这方面的洽谈，而且公司也能够从人力资源方面给招聘人员支持为候选人提供最好的条件，就能够在竞争中获得优势。

移动互联技术的发展和应用，也为应聘者对面试人甚至公司招聘

者的评价提供了方便。应聘者可以填写公司发放的招聘效果评价表，也可以通过圈子或者即时通信工具进行评价，

（二）招聘效益评估

招聘效益评估主要是从数量分析的角度，对招聘结果进行评价。

1. 招聘金字塔分析

企业在招聘过程各个筛选环节中，符合条件的应聘者人数变得越来越少，就像金字塔一样。它是根据过去的经验数据构建的分析模型，以便确定为招聘到某种岗位上足够数量的合格员工而应该付出多大的努力。招聘金字塔分析模式如图 3–7 所示。

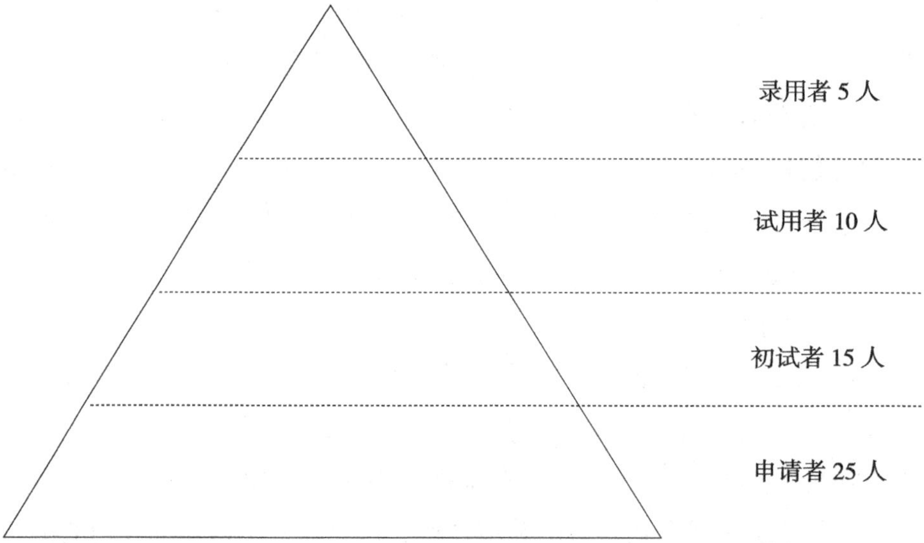

图 3–7　招聘金字塔分析模型

根据该模型分析可知，把申请者的资格要求设定得很高，则符合标准的申请人少，组织可花较多的时间和费用来选择合适人才。这种方法适用于关键职位，或者对员工素质要求较高；如果将申请资格设定得很低，申请者众多，那么选择余地就大。这种方法适用于一般性职位的招聘。

招聘金字塔分析模型还可以用于倒推。比如根据历史数据分析，某职位要达到5个录用者的招聘目标，则初选至少要有15个合适人才，再倒推收集到的简历至少要有25份。根据这一数据分析，招聘者就可以选择合适的招聘渠道或者招聘策略。

2. 招聘数量评估

对录用员工数量的评估是检验招聘工作有效性的一个重要方面。通过数量评估，分析在数量上满足或不满足需求的原因，有利于找到各招聘环节上的薄弱之处，改进招聘工作。同时，通过人员录用数量与计划招聘数量的比较，可以为企业人力资源规划的修订提供依据。录用人员的数量评估主要可从应聘比、录用比和招聘完成比三方面进行。其计算公式如下：

应聘比＝应聘人数 ÷ 计划招聘人数 ×100%

录用比＝录用人数 ÷ 应聘人数 ×100%

招聘完成比＝录用人数 ÷ 计划招聘人数 ×100%

应聘比在某种意义上可以说明员工招聘信息发布的效果，通常来说，该比例越大，则招聘信息发布的效果越好。录用比越低，通常可以表明企业可以进行人才选择的余地较大，人才招募的效果往往会相对好一些。

招聘完成比在现实中有可能大于100%。比如在招聘中遇到了很多优秀的应聘者，临时决定增加招聘指标，将其作为人才储备，或者替换业绩相对较差的员工。

3. 招聘质量评估

招聘质量评估是对所录用的员工入职后的工作绩效行为、实际能力、工作潜力的评估，它既有利于改进招聘方法，又为员工培训、绩效评估提供了必要的信息，实际上是人员选拔过程中进行的能力、潜力、素质等各种测试与考核的延续，也可根据招聘要求或从工作分析中得出的结论，对录用人员进行等级排列来确定招聘质量。招聘质量评估的计算公式如下：

录用合格比＝录用人员胜任工作人数 ÷ 实际录用人数 ×100%

将录用合格比与历年平均录用合格比相比较，可以判断招聘质量上的大致情况。

实践中有人用“现有人员胜任工作人数 ÷ 实际聘用人数 ×100%”来计算基础合格比，这种做法有失偏颇。首先，胜任工作指的是员工绩效符合工作要求，但对于一个在公司已经工作多年的员工来说，和当初应聘时相比，其能力和态度乃至价值观都已经发生了巨大变化，而恰恰是员工能力和态度决定了员工绩效。因此，不可以根据其现在的绩效情况来判断当初招聘决策的质量。其次，录用合格实际上是指新聘员工的素质与其岗位要求相匹配，但人岗匹配本身具有动态性，匹配度的高低会随时间的推移而变化，甚至所任岗位与刚入职时也已不同。不管任职时间的长短，完全根据现有员工的人岗匹配情况来考察企业后续招聘的质量显然不合理。

4. 招聘时间评估

招聘时间评估也就是招聘的及时性评估，或者叫招聘周期评估。招聘周期是指从提出招聘需求到新聘员工实际到岗之间的时间，也就是岗位空缺时间。一般来说，岗位空缺时间越短，招聘效果越好。但不同类型和层次的岗位，由于人才市场上的供求情况不同，其招聘的难易程度也会有所不同，需要结合实际情况进行分析。

招聘时间评估一般以岗位的分类分层为基础，参考当地同行标准，结合本企业实际情况和过去不同职位的实际招聘时间，为每个类别每一层级的职位确定一个合适的职位平均空缺时间，并将其作为考察招聘及时性的标准，以反映各职位平均空缺时间多长才能补缺到位。显然，该指标越小，说明招聘效率越高。

5. 招聘成本计算

招聘成本分为招聘总成本与单位成本。招聘总成本即人力资源的获取成本，包括两个部分：一是直接成本，即可以直接计算和记账的、以金钱的形式花费的成本，包括招募费用、选拔费用、录用员工的家庭安置费用和工作安置费用、其他费用（如招聘人员差旅费、应聘人员招待费等）。二是间接成本，指不能直接计入财务账目的，通常以时间等形式表现的成本，包括企业内部参与招聘人员工资、福利以及其他管理费用。直接成本核算相对简单，间接成本则相对复杂，一般通过参与招聘的所有人员花费的时间成本来反映。表 3–6 是按招聘甄选流程计算间接成本的示例。

表 3–6　　　　招聘间接成本计算示例

选拔流程		参与者		所化时间（单位：小时）	小时工资（单位：元）	成本（单位：元）
		职务	人数			
1	简历筛选	秘书	1	4	12	48
		招聘经理	1	1	50	50
2	笔试	招聘专员	1	2	20	40
		招聘人员	1	2	10	20
3	面试准备	秘书	1	1	12	12
		招聘经理	1	2	50	100
4	面试初选	同事	1	5	20	100
		主管	1	5	30	150
5	面试复选	主管	1	2	30	60
		招聘经理	1	2	50	100
6	面试终选	部门经理	1	2	80	160
选拔费用合计						840

单位招聘成本是招聘总成本与实际录用人数之比。如果招聘实际费用少，录用人数多，表明单位招聘成本低；反之则高。值得注意的是，不同的招聘渠道，其招聘成本构成不同，会导致不同的单位招聘成本。因此，单位招聘成本必须在选择合适的招聘渠道的情况下才具有可比性，这一点正好为招聘渠道的合理选择提供了依据。另外，不同类别和层次的岗位空缺，单位成本也不相同。即使职位类别和层次

一样，因招聘的地理位置不同，人力资源供求状况不同，其成本自然也不相同。因此，单位招聘成本不能在不同层次、不同地域、不同类别间比较。

6. 成本效用评估

成本效用评估是对招聘成本所产生的效果进行分析，主要包括：招聘总成本效用分析、招募成本效用分析、人员选拔成本效用分析和人员录用成本效用分析等。计算方法如下：

招聘总成本效用＝录用人数 ÷ 招聘总成本

招募成本效用＝应聘人数 ÷ 招募期间的费用（招募成本）

选拔成本效用＝被选中人数 ÷ 选拔期间的费用（选拔成本）

人员录用效用＝正式录用的人数 ÷ 录用期间的费用（录用成本）

招募成本是为吸引和确定企业所需要的人力资源而发生的费用，主要包括招聘人员的直接劳务费用、直接业务费用、其他相关费用等。选拔成本是指对应聘人员进行鉴别选择，以便作出录用决策所支付的费用构成。录用成本是指经过招聘选拔后，把合适的人员录用到企业所发生的费用，包括录取手续费、调动补偿费、搬迁费和旅途补助费等由录用而引发的有关费用。显然，成本效用越大，表示招聘的效果越好，而最能体现招聘效果的就是总成本效用。

7. 招聘收益成本比

招聘收益成本比既是一项经济评价指标，也是考察招聘工作有效性的一项指标。招聘收益成本比越高，说明招聘工作越有效。招聘收益成本比计算公式如下：

招聘收益成本比＝所有新员工为组织创造的总价值 ÷ 招聘总成本

值得注意的是，这里的总价值在实际操作时很难确定，因此，该指标到目前为止很少真正在实践中使用，但确实值得去关注和思考。

目前发达国家正在使用一些新的人力资源指标评价人力资源工作，招聘价值分析颇有借鉴意义。这些指标主要是从动态与全局性角度出发，其中应用比较广泛的指标主要有：

- 职位的平均流动率：通过该指标可以估算招聘重复率。
- 职位的招聘工作量：通过该指标可以考察招聘的数量和难度。
- 职位的未来年薪：通过该指标可以评估招聘难度和招聘渠道。
- 职位的平均接受率：通过该指标对招聘有效性进行考察。
- 职位的平均填补时间：通过该指标对招聘效率进行考察。
- 职位的安置成本：通过该指标计算招聘成本，并评估招聘的复杂性。

本章小结

本章从规范的招聘管理流程出发，系统介绍如何构建科学有效的招聘管理体系，包括招聘需求分析、招聘计划管理、招聘标准设计、招聘渠道选择、招聘面试技术及招聘价值评估。

第四章　工作分析是聚才基石

所谓工作分析，是指对某特定的工作职位作出明确规定，并确定完成这一工作需要有什么样的行为的过程。换句话说，工作分析就是把员工担任的每个职务的内容加以分析，清楚地确定该职务的固有性质和组织内职务之间的相互关系和特点，并确定操作人员在履行职务时应具备的技术、知识、能力与责任，以及对某一职位工作的内容及有关因素做全面的有系统有组织的描写。工作分析的结果是形成人力资源管理的基础性文件工作说明书。

工作说明书包括工作描述和工作规范。部分工作规范包括标准的任职资格和理想的任职资格两部分。标准任职资格是该岗位最基本的要求，如从事该工作至少要达到的教育水平、工作经历、技术技能、个人特点等。在甄选过程中，不具备标准任职资格的应聘者一般将被淘汰。理想的任职资格并不是最低要求，它是对符合标准任职资格的员工的额外要求。

人们常说，要想预测一个人将来工作得怎样，最好看看他过去都有哪些成就。这表明在挑选员工时，工作经历是一项需要的考虑因素。很多招聘广告都明确提出应聘者要具备几年的工作经验。

在编制工作规范时要记住，无论应聘者的教育水平有多高，工作经验多么丰富，他都不会在真空中工作。每个公司都有自己的特点、文化和氛围，这些特征会反映在公司的经营宗旨和经营哲学上，也会反映在和员工个性特点、管理哲学相一致的价值导向上。如果员工的基本价值观与公司不同，对公司所从事的事业及运作方法不认可，那么这名员工就可能“不适合”于该组织，这种聘用恐怕对双方都不利。

编写工作规范时列出的任何资格条件必须与工作有关，而不是主观判断的随意结果。如果任职资格不恰当地限制了任何受保护群体的就业途径，公司将可能面临司法诉讼。在新生代人才越来越注重维权的背景下，这类司法诉讼将会变得越来越频繁。比如性别歧视、地域歧视、学历歧视等，以后都将随时有可能由于员工维权而导致的惩罚。

工作规范说明什么类型的人能够胜任什么样的工作，在此明确指出的标准任职资格和理想任职资格十分重要，可以保证只有那些符合要求的人投送简历，或者根据标准任职资格对庞大的人才数据库进行筛选，降低招聘甄选的工作量，以便能更快速地找到合适的人才。

一、工作分析的管理价值

在雇用具备恰当技能要求的合适的员工之前，需要先对这一工作有个确切的了解。通过工作分析可以做到这一点。利用工作分析中获得的信息，可以编写出一份工作说明书以及一份说明该工作需要哪些知识、技能、能力的工作规范。工作分析有助于把最符合条件的应聘者吸引到公司里来。

从工作分析中得到的信息还可以确定恰当的工作名称（或工作类别）、工作报酬和福利等。

工作分析用于研究这项工作本身到底需要做什么。在这个过程中，不要考虑从事这项工作的人需要具备什么特点。事实上，如果分析的是一个已然存在的工作，应该尽量忘记当前做这项工作的人的特点。工作分析的目的在于确认任何人从事该项工作时的职责是什么，需要完成哪些任务，完成该任务需要具备什么资格，并明确说明该工作的条件，如上下级报告关系、出差要求等。

如果分析的是一个新岗位，那么可以通过这一过程从零开始设计这项工作；如果分析的是一个已经存在的工作，应当通过观察或与当前任职员工交谈而获取信息。和当前任职员工的访谈，对工作分析会有很大帮助，可以帮助确定这项工作需要的时间和技能，确定对这项工作的预期是否现实，该岗位如何与整个经营管理过程融为一体等。

网络时代，随着组织结构的扁平化、网络化、柔性化、组织信息共享普遍化，企业中知识员工所占比例越来越大。有人认为，人力资源管理应该越来越“模糊化、柔性化、团队化”，而“规范化、标准化、个性化”不再重要，因此工作分析虽然是现代人力资源管理的基础和前提，其价值就应该弱化甚至取消。笔者对此不敢苟同。

（一）工作分析是成为业务伙伴的捷径

目前人力资源管理往往注重于招聘、员工合同管理、考勤、招聘评估、薪金制度、异动管理、培训等与公司内部员工有关的事项，却忽略了与用户的联系，没有关注用户需求和市场的变化。这种后台式的人力资源管理，导致人力资源部门局限于内部管理职能对业务部门提供服务和支持，而对公司所经营的业务缺乏深入了解的机会，缺乏对整个公司走向的洞察力。在这种背景下，人力资源部门采用的管理方式也只能是事后的修补，脱离经营业务的人力资源规划也基本是个空中楼阁，不具有实操性，所以很难有效地实行。

如何让人力资源部门真正成为业务伙伴，一直是业界专家们努力探索的方向。笔者认为，做好工作分析，可以引导人力资源管理者更好地了解各个岗位，并进而更深刻地理解公司的各项业务，是一个难得的捷径。只要将工作分析做得足够扎实，对工作的内涵、工作与工作之间的流程关系等了解透彻，基本就能深入到业务内部，人力资源管理者据此开展的人才招聘、业务和管理培训等工作，就将更具有针对性和实用性，使人力资源部门真正成为业务伙伴，帮助员工提升个人业绩，帮助业务部门提升管理能力乃至团体绩效。只要人力资源部门能真正成为业务伙伴，就可以改变以前人力资源部门的边缘化定位，由一个不足轻重的纯职能服务部门，变为引导或者协助实现公司业务目标的战略部门。

（二）工作分析是人力资源管理的基础

如果说每个组织是一座大厦，每个岗位就是一块块砖石。要想全面了解大厦，就必须对每块砖石进行深入研究。工作和组织的关系，就是砖石和大厦的关系。所以，做好工作分析，是人力资源管理最基础性的工作。工作分析和人力资源其他模块的关系如图 4–1 所示：

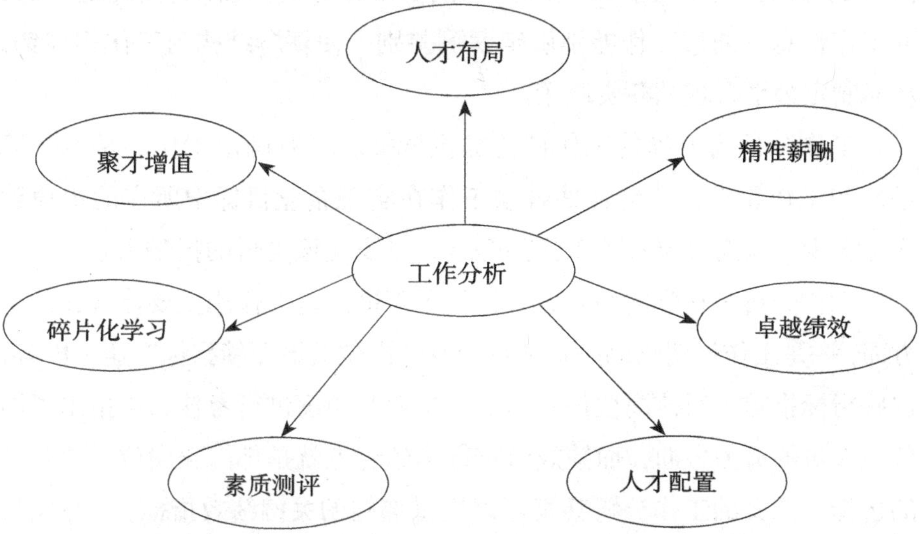

图 4–1　工作分析和人力资源管理其他模块的关系

工作分析为人力资源规划提供了必要的信息。人力资源规划的核心工作是人力需求与供给的预测，在运用技能清单法、管理人员置换图、人力接续计划、马尔可夫矩阵法进行供给预测时，都离不开清晰的岗位层级关系和晋升、岗位转换关系，这些都是工作说明书所应该规定的。在需求观测时，除了需要对人力资源数量预测，还需要对其质量要求进行预测，说明书中的任职资格条件就成为重要的参考。

工作分析为人员的招聘录用提供了明确的标准。工作说明书的另一项必备内容就是岗位任职资格条件，这些条件既是岗位评价的重要参考要素，又是该岗位人员空缺时设计招聘要求的基础。招聘广告中一般有空缺岗位的学历、工作经验、专业技术水平、能力方向、人格特征等要求，而这些内容在岗位说明书的任职资格条件项目中有描述。

工作分析为制定公平合理的薪酬政策奠定了基础。正确的工作分析要求深入地理解各种工作的要求，这样才能根据它们对组织的价值大小进行排序。工作分析通过了解各项工作的内容、工作所需要的技能、学历背景、工作的危险程度等因素确定工作相对于组织目标的价值，也可以作为决定合理薪酬的依据。工作分析为薪酬管理提供相关的工作信息，通过工作差别确定薪酬差别，使薪酬结构与工作相挂钩，从而制定公平合理的薪资政策。

工作分析为准确的工作评价提供依据。只有确定工作的基本任职条件和工作要求，才能评估各项工作在实现企业目标中所占的价值到底是多少，从而确定各项工作的等级，以及应该支付的报酬水平。

工作分析为科学的绩效管理提供了帮助。这一作用主要体现在两个方面：一是工作说明书的必备项目中有“岗位关键业绩指标”这一内容，这些指标指明了对该岗位任职人员应从哪些角度进行考核，也指出了岗位上人员的努力方向，而绩效考核方案的起点就是部门和岗位考核指标的选择，广义的工作分析甚至可以提供部门的关键绩效指标；二是岗位说明书如果包含了“沟通关系”这一项目，就可以清晰地指明绩效考核的主体与考核层级关系，因为沟通关系中明确了汇报、指导与监督关系。

工作分析为人员的培训与职业生涯开发提供了明确依据。企业员工培训的一个重要特点是具有强烈的导向性，这个导向的重要依据之一就是岗位说明书所规定的内容，尤其是岗位职责的要求、考核指标要求、能力要求等内容，在新员工培训中，新员工本岗位的说明书甚至能成为其必修教材之一。另外在对进行员工职业生涯设计时，岗位分析还可以提供职业发展的路径与具体要求。

工作分析为异动调配提供可靠的依据。通过工作分析，可以检查人员和岗位之间的匹配度，并对其中存在的“高配”或者“低配”的情况进行人员调整，实现组织的人才优化，帮助员工从事更合适的工作，并进而为组织发挥更大价值。

（三）工作分析为组织职能的实现奠定基础

通过工作分析，有助于员工本人反省和审查自己的工作内容和工作行为，以帮助员工自觉主动地寻找工作中存在的问题，圆满实现职位对于组织的贡献。

在工作分析过程中，人力资源管理人员能够充分地了解组织经营的各个重要业务环节和业务流程，从而有助于人力资源管理职能真正上升到战略地位。

工作分析详细地说明了各个岗位的特点及要求，界定了工作的权责关系，明确了工作群之间的内在联系，从而奠定了组织结构设计的基础。通过工作分析，可以全面揭示组织结构、层级关系对工作的支持和影响，为组织结构的优化和再设计提供决策依据。另外工作分析还与劳动定编和定员工作有着非常紧密的联系。

借助于工作分析，组织的最高经营管理层能够充分了解每一个工作岗位上的人目前所做的工作，可以发现职位之间的职责交叉和职责空缺现象，并通过职位及时调整，提高组织的协同效应。

二、工作分析的主要概念

在做工作分析之前，需要明确区分几个关键概念。几个关键概念的关系如图 4–2 所示：

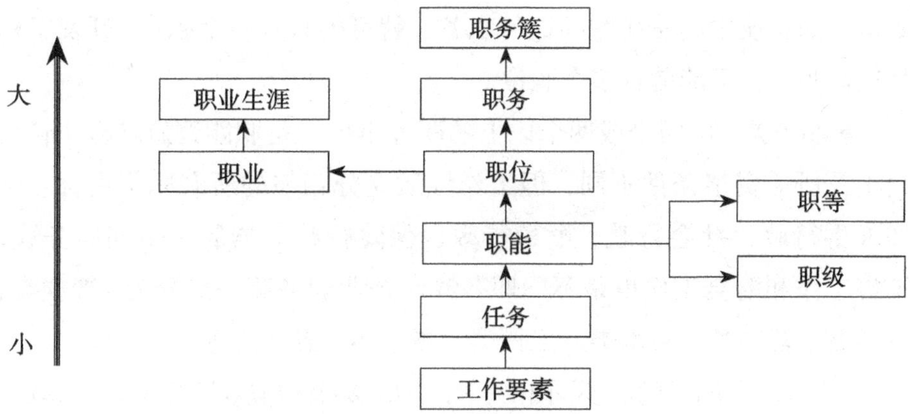

图 4–2　工作分析主要概念之间的关系

工作分析中的几个概念，它们的定义及关系如下：

- 工作要素：工作活动中不能够再继续分解的最小动作单位。例如速记人员速记时，能正确书写各种速记符号；使用计算机、签字、打电话、发传真等。
- 任务：一系列为了不同的目的所担负完成的不同的工作活动，即工作活动中达到某一工作目的的要素集合。例如，管理一项计算机项目、打印文件、参加会议、从卡车上卸货等，都是不同的任务。
- 职能：某个职位所担负的一项或多项相互关联的任务集合。例如，人事管理人员的职能之一是进行工资调查。这一职能由下列任务所组成：设计调查问卷，把问卷发给调查对象，将结果表格化并加以解释，把调查结果反馈给调查对象等四个任务。
- 职位：某一时间内某一主体所担负的一项或数项相互联系的职能集合。例如，办公室主任，同时担负单位人事调配、文书管理、日常行政事务处理等三项职责。在同一时间内，职位数量与员工数量相等，有多少位员工就有多少个职位。
- 职务：主要职责在重要性与数量上相当的一组职位的集合或统称。例如，开发工程师就是一种职务，秘书也是一种职务。职务实际上与工作是同义的。在企业中，一种职务可以有一个职位，也可以有多个职位。如企业中的法律顾问这种职务，就可能只有一个职位；开发工程师这种职务，可能就有多个职位。
- 职务簇：由两个或两个以上的职务组成，是职能繁简难易、轻重大小及所需资格条件不同，但工作性质充分相似的所有职位集合。例如人事行政、社会行政、财税行政、保险行政等均属于不同职务簇，销售工作和财会工作也是不同职务簇。企业职务簇一般分为：管理类、市场类、营销类、技术类、工程类、财会类、勤务类等。
- 职业：不同时间、不同组织中，工作要求相似或职责平行（相近、相当）的职位集合。例如，会计、工程师等。
- 职业生涯：一个人在其工作生活中所经历的一系列职位、工作或职业。

• 职级：同一职等中职责繁简、难易、轻重及任职条件充分相似的所有职位的集合。

• 职等：不同职务簇之间，职责的繁简、难易、轻重及任职条件要求充分相似的所有职位的集合。

从工作分析几个主要概念的分析中可以看出，工作分析最基础的工作就是从工作要素入手，并最终形成公司完善的职位体系。

有些企业在实际应用中可能采用岗位的定义，并据此形成岗位体系，岗位和岗位体系的关系，可以比照职位和职务簇。

三、工作分析的核心内容

不同的企业和组织都有各自特点和急需解决的问题。有的是为设计培训方案，提高员工的技术素质；有的是为了制定更切合实际的奖励制度，调节员工的积极性；还有的是为根据工作要求改善工作环境，提高安全性。因此，这些企业和组织所要进行的工作分析的侧重点就不一样。但一般来说，工作分析主要包括工作描述和工作要求两项内容：

（一）工作描述

工作描述就是确定工作的主要特征，具体说明了某一工作职位的物质特点和环境特点，主要包括以下几个方面：

职位名称：组织对从事一定工作活动所规定的职位名称或职位代号，以便对各种工作进行识别、登记、分类以及确定组织内外的各种工作关系。

职位属性：有关职位的各种属性，比如职等、职级、职位编号、所属部门、上下级关系等。

工作内容：所要完成的工作任务、工作责任、使用的原材料和机器设备、工作流程、与其他人的正式工作关系、接受监督以及进行监督的性质和内容、工作依据、工作产出结果等。

工作环境：工作是否需要出差或加班，工作地点的温度、光线、湿度、噪声、安全条件、地理位置、室内或室外等。

社会环境：工作群体中的人数、完成工作所要求的人际交往的数量和程度、各部门之间的关系、工作地点内外的文化设施、社会习俗等。

职位待遇：该职位的薪资水平、福利待遇、奖金制度、晋升机会、培训机会等。

（二）工作要求

工作要求明确从事某项工作的人所必须具备的知识、技能、能力、兴趣、体格、行为特点等心理及生理要求。制定工作要求的目的是决定重要的个体特征，以此作为人员筛选、任用和调配的基础。工作要求可以用经验判断的方法获得，可以通过统计分析方式来确定，也可以通过素质测评来判断。工作要求一般包括以下三项内容：

一般要求：主要包括年龄、性别、学历、工作经验等。

生理要求：主要包括健康状况、力量和体力、运动的灵活性、感觉器官的灵敏度等。

心理要求：主要包括观察能力、集中能力、记忆能力、理解能力、学习能力、解决问题的能力、创造性、数学计算能力、语言表达能力、决策能力、特殊能力、性格、气质、兴趣爱好、态度、事业心、合作性、领导能力等。职位说明书范例如表 4–1 所示。

表 4–1　　　　职位说明书范本

岗位名称		岗位编号		所在部门	
所属中心		直接上级		岗位定员	
版本控制		编写时间		编写人员	
岗位目的					
序　号	核心价值领域	主要活动	负责程度	工作依据	
任职条件	学历与专业				
	工作经验				
	业务知识				
	职业资格				
	职业操守				
	能力素质				
岗位权限					
工作联系	内　部				
	外　部				

四、工作分析主要工具

工作分析通常采用观察法、访谈法和问卷调查法等方法。这三种方法大家应该比较熟悉，笔者不再作详细介绍。需要注意的是，这些方法在工作分析中各有利弊，因此，应根据实际情况选择合适的方法。一般建议以问卷法为主，以访谈法和观察法为辅，将三种方法配套使用，互相进行验证和补充。

在工作分析中，还可以根据成熟的工具进行改进，并应用于工作分析。比如 6W1H 工作分析法、波特矩阵法等。

（一）6W1H 工作分析法

在工作分析中，6W1H 是一个非常实用的工具。6W1H 分析法如图

4–3 所示：

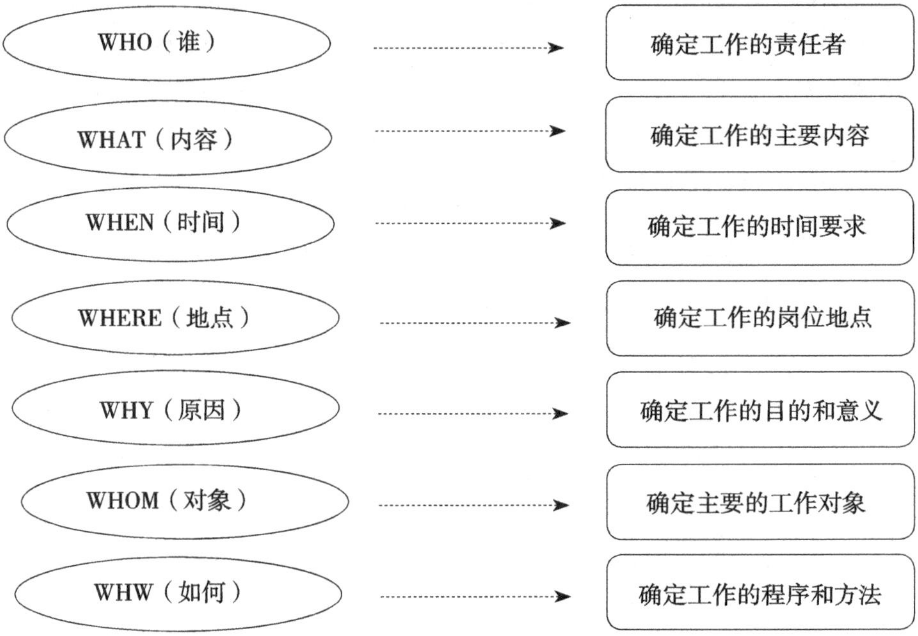

图 4–3　6W1H 工作分析法

通过 6W1H 工具进行分析，可以非常方便地描绘出该工作的立体画像，包括工作执行人是谁、主要工作内容是什么、该工作的时间要求、该工作的主要地点、为什么要从事这项工作、该项工作要谁报告或提供服务、完成该项工作的具体流程等。

（二）波特矩阵法

在工作分析过程中，我们经常碰到一种情况：该职位从事的工作非常繁杂。如何在这些纷繁复杂的职责中梳理出真正体现职位价值的信息，是工作分析的难点。笔者推荐通过波特矩阵分析来进行处理。如图 4–4 所示。

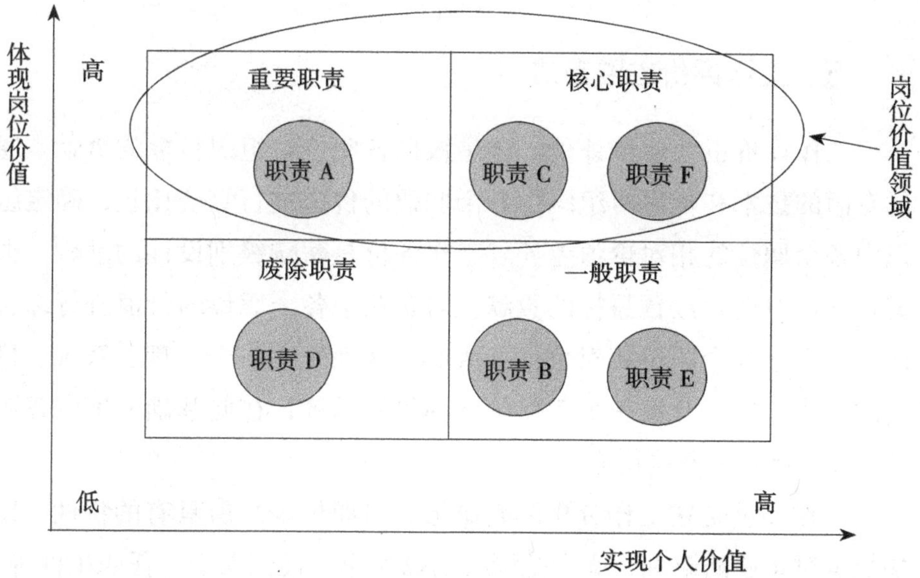

图 4–4 波特矩阵分析法

在应用波特矩阵分析法之前，企业要根据自己的战略牵引和价值导向，选择两个合适的维度，比如有些企业非常看重个人发展，在判断职责重要性时，不仅关注岗位本身的价值，还要判断这些职责对个人发展所具有的价值。那些对组织发展和个人提升均具有高价值的职责，划归到“核心职责”范畴，对组织价值高、个人价值低的职责，划归到“重要职责”范畴，对组织价值低，但对个人价值高的职责，划归到“一般职责”范畴，对组织和个人的价值都低的职责，划归到“废除职责”范畴。

经过波特矩阵分析，就可以对纷繁的职责进行梳理，明确哪些职责是有价值的，哪些职责是可以废除或者转移出去的，从而对职责设计进行系统性的优化，提升组织的运行效率，拓展个人的发展空间。

五、工作评价主要方法

工作评价也叫职位评价，就是根据各职位对组织目标的贡献，通过专门的技术和程序对组织中各个职位的价值进行综合比较，确定组织中各个职位的相对价值差异。工作评价是薪酬级别设计的基础，根据各职位对企业经营目标的贡献，对企业中各个职位的价值进行综合评价，决定各个职位相对价值的大小，从而确立一个合理、系统、稳定的工作结构，开发一个工作价值的等级制度，在此基础上确定各职位的薪酬级别和职位待遇。

工作评价是在工作分析的基础上，对职位本身所具有的特性（比如职位对企业的影响，职责范围、贡献大小、责任大小、任职条件等）进行评价，以确定职位相对价值的过程。工作评价的对象是职位，而非任职者，它反映的只是职位在组织中的相对价值，而不是职位绝对价值。

通过工作评价确定职位的等级，就可以了解各个职位的工作难易程度，这也可以应用于招聘时间，以便采取更合适的招聘策略，比如工作难度较小的职位，可以选择成本低、见效快、人才充足的招聘渠道，而工作难度较大的职位，则可以选择成本高的招聘渠道，比如猎头招聘。

工作评价一般采用要素计点法，比如表 4–2 就是基于要素计点法的工作分析模型。

表 4-2 要素计点法工作分析模型

评估因素		等级数量	最高分数	合计	百分比
责任	风险控制的责任	5	80	400	40%
	成本控制的责任	6	40		
	指导监督的责任	6	40		
	内部协调的责任	5	30		
	外部协调的责任	4	30		
	工作结果的责任	6	40		
	组织人事的责任	5	40		
	安全上的责任	5	70		
	决策的层次	5	30		
知识技能	最低学历要求	6	30	300	30%
	知识多样性	4	30		
	熟练期	5	20		
	工作复杂性	5	40		
	工作灵活性	5	40		
	工作经验	7	40		
	语文知识	4	25		
	数学知识	5	25		
	综合能力	4	50		
努力程度	工作压力	4	40	200	20%
	精力集中程度	5	40		
	体力要求	4	10		
	创新与开拓	4	40		
	工作紧张程度	4	40		
	工作均衡性	4	30		
工作环境	工作时间特征	4	30	100	10%
	工作危险性	4	30		
	职业病	4	15		
	环境舒适性	6	25		
合　计				1000	100%

要素计点法中的每个指标都可以进行等级划分，并赋予不同的分值。比如“风险控制责任”是指在不确定的条件下，为保证贸易、投资及其他项目顺利进行，并维持公司合法权益所担负的责任，该责任的大小可以由失败后损失的大小作为判断基准。其等级划分如表 4–3 所示。

表 4–3　　风险控制责任等级划分表

等　级	解　释	分　数	得　分
0	无任何风险	0	
1	仅有一些小风险，一旦发生问题，不会给公司造成多大影响	20	
2	有一定风险，一旦发生问题，给公司带来的影响能明显感觉到	40	
3	有较大风险，一旦发生问题，会给公司带来较严重的影响	60	
4	有极大风险，一旦发生问题，对公司造成的影响不仅不可挽回，而且会使公司发生经济危机甚至倒闭	80	

将所有要素进行等级划分并赋分后，就需要建立结果应用模型，以确定评价结果的应用方式（见表 4–4）。

表 4–4　　工作评价结果等级对照表

	一级	二级	三级	四级	五级	六级	七级	八级
幅度	200～280	240～360	320～480	400～560	480～640	600～760	680～840	800～1000
一等	200	240	320	400	480	600	680	800
二等	240	280	360	440	520	640	720	840
三等	280	320	400	480	560	680	760	880
四等		360	440	520	600	720	800	920
五等			480	560	640	760	840	960
六等								1000

要素计点法中的指标，企业也可以根据自身实际情况及职位特点进行调整。

目前业界还有很多成熟的工作评价工具可供采用，比如海氏三要素工作评价法、美世国际职位评估系统（IPE）、翰威特因素评分法等。理才网研发的 dayHR 产品中，就嵌入了国际职位评估系统，用户可以免费使用国际流行的职位评价工具，对公司各类职位进行评价。

本章小结

工作分析是企业有效聚集人才并建立完善招聘管理体系的基石，只有做好工作分析，才能建立明确的招聘标准，企业才能清楚哪些人才是企业需要的，哪些人才是企业不需要的。

本章对工作分析的管理价值、主要概念、核心内容、工作分析的主要工具、工作评价的主要方法等进行了粗略探讨，并结合笔者咨询经验，选择性地介绍一些常用的工具及模板。

第五章　素质测评是增值利器

人才素质测评，是指测评主体采用科学的方法，收集被测评者在主要活动领域中的表征信息，针对某一人才素质测评目标体系作出量值或价值的判断过程，或者直接从所收集的表征信息引发与推断某些素质特性的过程。

运用人才测评方法可以科学地进行人职匹配，有效地留住企业需要的人才，以实现组织的目标。人才测评的前提假设是：如果让所有应聘同一个职位的人员都得到录用，其未来的工作成绩是非常不一样的，这表示有一些人不适合这个工作岗位，只有应聘者具备了相应的知识、技术、能力以及态度，才可能把该项工作做好。而这些情况都可以通过人才测评得到科学的甄别和预测。

人才测评是运用现代心理学、管理学、统计学等相关学科的理论，采取科学的测试程序和手段，对人的专业知识、能力水平、个性特征、情绪的稳定性和健康状况等进行综合的评价，这是一种标准化的评价方式，利用科学的测评工具，依照严格的测评程序，根据工作胜任的要求，帮助企业招聘、选拔、录用、评价和开发人才。同时，人才测评也可以帮助求职者对自己有一个更加全面和清醒的认识，并据此选择合适的工作，或者对自己存在的短板进行弥补和提升。

人才素质测评可以成为人才甄选的利器，帮助组织挑选出最合适的人才。大量的管理实践表明，选择错误的人选，比职位空缺造成的损失往往更大（见图 5–1）。

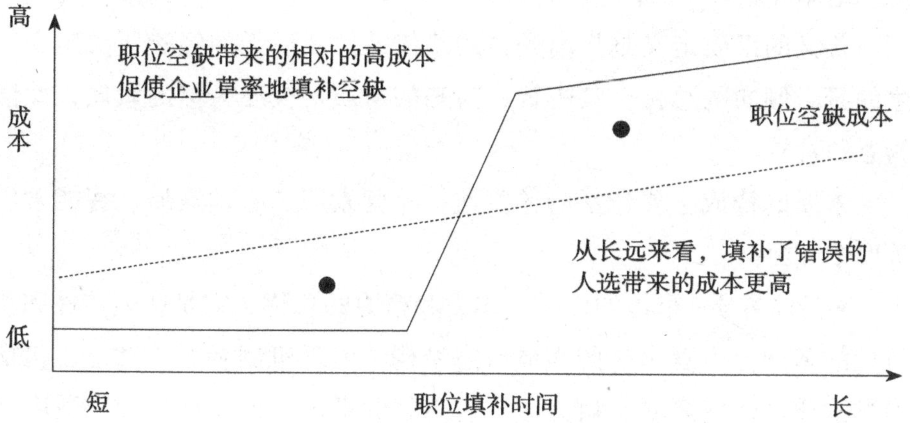

图 5-1　职位空缺成本示意图

人才素质测评通过对人才资本的分析评估，可以避免组织因为错误安排人选而带来巨大的潜在损失，可以帮助组织找到合适的人才资本，可以对现有人才资本进行优化配置，并为人才资本增值提供明确的提升方向和管理建议。

一、素质测评定义

广义的素质定义是从辩证法角度考察人的素质，素质是一种新的形成物，它是人的先天禀赋与后天活动结合而成，是人的生理解剖特点、个性心理特点与社会意识品质所构建起来的一个整体，即人的各种身心特点的系统。素质主要把包含三层含义：

第一层是素质显示于最稳定的人性品质，如灵巧的双手，精致的发音器官，能产生人类职能的脑髓等。

第二层是素质显示于较稳定的人性品质，即在个体发展中逐步形成起来的心理能力，如观察能力、记忆能力、思维能力、情感与情操、需要品质、顽强的意志力等。

第三层是素质显示于稳定的社会历史品质，如人的阶级性、民族性、地域性、宗教性以及世界观、人生观、价值观、信念、理想、道德、纪律等。

狭义的素质定义是指由先天的遗传条件及后天的经验所决定和产生的身心倾向的总称。其中智力为知的素质，气质为情的素质，性格为意的素质。

素质的构成主要包括身体素质、品德素质、心理素质、智能素质等四个方面：

- 身体素质：个体的体质、体力和精力的总称，它是在遗传性和获得性的基础上表现出来的人体形态结构、生理机制和调节功能，包括力量素质、速度素质、耐力素质、柔韧性素质、灵敏性素质、适应性素质、对疾病的抵抗能力等。
- 品德素质：人的思想观念、政治观念、伦理道德水平、纪律观念、法制观念、职业道德水平和信用水平等。
- 心理素质：人的认识过程、情感过程、意志过程的具体特征及人的个性心理特征与个性倾向性的具体特征。心理素质包括气质、性格、兴趣、价值观等。
- 智能素质：亦称能力素质，包括科学智能素质和社会智能素质。科学智能素质由专业能力（完成各具体工作所要求的理论、科学、工程、技术等专业知识）和非专业能力（人员的智力、创新等能力）组成，可直接通过考试、成果、学历来衡量；社会智能素质指社会经验、涉世范围及深度、交际性相关联的素质，诸如交际能力、应变能力、团队协作精神等，可通过人的社会联系、社会圈子、社会关系来衡量。

素质的基本特征主要有七点：

- 基础作用性：无论是先天还是后天获得的素质，都是个体行为发展与事业成功的必要条件而非充分条件。在现代企业人力资源开发与管理中，必须着眼于提高人员素质，但具备了素质未必就能成为合格的员工。
- 相对稳固性：所有的素质均处于运动中的相对静止状态，它表现为时间上的偶尔间断与总体上的持续，在空间上的时有差异与总体上的一致。

• 素质可塑性，后天的学习对素质的形成起决定性作用。据统计，在所有科学领域，最优秀的成果一般都是在 25 ~ 35 岁之间做出的，次要成果则是在这之后的 5—10 年内完成。

• 个体差异性：每个个体之间都是有差异的，就像德国哲学家莱布尼茨所说："世界上没有两片完全相同的树叶。"

• 素质的难全性：每个个体都不可能是尽善尽美的，在某方面素质突出，在其他方面可能就存在缺陷。比如爱因斯坦这样伟大的物理学家，在数学直觉能力方面就比较欠缺。

• 素质隐蔽性：素质是隐藏性的，无法通过肉眼直接观察，因此需要借助测评手段及工具来进行反映。

• 素质表出性：素质虽然是内在的、隐蔽的，但可以通过行为方式、工作绩效、行为结果这三种主要途径反映出来。正是因为素质的表出性，才使素质测评成为可能。

基于素质的定义、构成和特征，我们可以对素质测评进行定义：狭义的素质测评是指通过量表对人员品德、智力、技能、知识、经验进行评价的一种活动，如智力测验、气质测定、品德测验等；广义的素质测评是指通过量表、面试、评价中心技术、观察评定、业绩考核等多种手段综合测评人员素质的一种活动。它是员工与职位达到最佳匹配的桥梁，是企业人力资源科学配置、优化组合的有效工具，是开创企业人力资源管理新局面的有效手段。

二、胜任特征分析

一般可以通过胜任特征法来确定素质测评内容。所谓胜任特征，指的是能将某一职位上表现优秀的员工与表现一般的员工区分开的个体特征，它是可以测量的动机、特质、自我概念、知识、技能等。

胜任特征包括五个层面，自上而下依次为：

• 知识：对某一职位有用的信息

- 技能：将事情做好的能力
- 自我概念：对自己身份、个性和价值的看法（如将自己视为权威和教练）
- 特质：个体典型的行为方式（如善于倾听、谨慎、做事持之以恒等）
- 动机：决定个体行为的想法

有关胜任特征的分析，业界主要使用麦克夫兰的冰山模型和博特亚兹的洋葱模型。麦克夫兰冰山模型如图 5–2 所示。

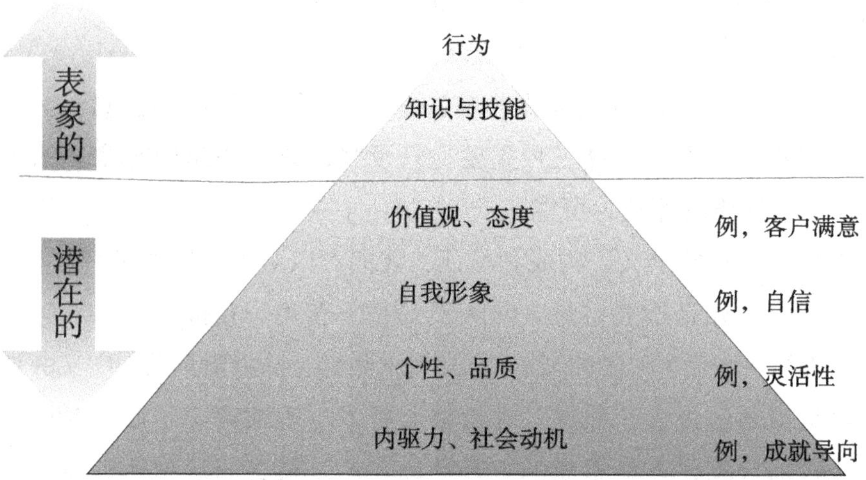

图 5–2　麦克夫兰冰山模型

按冰山模型理论解释，知识和技能是水上部分代表表层的特征，自我概念、特质和动机是隐藏在水下的深层的特征，是决定人们行为和表现得比较稳定的关键因素。

博特亚兹洋葱模型如图 5–3 所示。

图 5-3　博特亚兹洋葱模型

所谓洋葱模型，是把胜任特征由内到外概括为层层包裹的结构，最核心的是个性和动机，然后向外依次展开为态度、价值观、自我形象、社会角色、知识、技能等。越向外层，越易于培养和评价；越向内层，越难以评价和习得。大体上，“洋葱”最外层的知识和技能，相当于“冰山”的水上部分；“洋葱”最里层的动机和个性，相当于“冰山”水下最深的部分；“洋葱”中间的自我形象与角色等，则相当于“冰山”水下浅层部分。洋葱模型同冰山模型相比，本质是一样的，都强调核心素质或基本素质。对核心素质的测评，可以预测一个人的长期绩效。相比而言，洋葱模型更突出潜在素质与显现素质的层次关系，比冰山模型更加生动和形象。

三、指标体系设计

（一）设计指标体系

素质测评的指标体系主要包括身体素质、品德素质和心理素质等三大类型。身体素质指标如健康、体力、精力、机体灵敏性、感知能力等。品德素质指标如职业道德、社会道德、政治道德等。心理素质指标如科学智能素质、社会智能素质等。

指标体系的设计方法主要有胜任特征法、高绩效素质分析法、工作分析法、素质结构分析法、榜样分析法、培训目标概括分析法、价值分析法、历史概括法、文献查阅法、头脑风暴法、调查咨询法、覆盖筛选法等。笔者主要介绍彭剑锋老师提出的高绩效素质分析法：

所谓以战略为导向的绩效考评系统，是指从企业战略高度出发，把人力资源管理体系（包括绩效考评系统）与企业战略相结合，支撑企业战略目标的实现，成为企业战略的传递系统，进而通过科学、合理的绩效考评体系，把企业的战略思想、目标、核心价值观念层层传递给员工，使之变为员工的自觉行为。高绩效素质特征模型就是基于这样的两个基础：作为企业来讲，要依据战略、竞争的要求去寻找企业需要的、能够产生绩效的具有核心专业与技能的员工，同时还要研究、设计能够产生绩效的员工的素质特征、素质模型，也就是说，什么类型的员工在什么样的岗位上能够产生绩效。

在20世纪70年代，美国企业管理协会用了5年的时间，对4000名经理进行了研究，从中选中1812名最成功的经理进行调研分析，提炼出一个成功的经理人员需要具备以下19种能力，就可以作为企业对经理人员进行素质测评重要的参考性指标：

- 工作有效性
- 工作主动性
- 逻辑思维能力（能很有条理地分析每一件事情的前因后果）
- 创造性（不断产生的概念，发明和建立新的管理制度）
- 判断力（善于抓住概念本质；从现象中找出各种规律）
- 自信心（知道应该做什么，而且相信能做好）
- 辅导他人的能力（指导他人的工作）
- 为人师表（能以身作则，模范遵守规章制度）
- 善于使用个人的权力

- 善于动员群众的力量
- 利用交谈做工作
- 人际关系技能（关心下级，甚至关心其家庭生活）
- 乐观
- 团体协作性（和大家一起干）
- 自制力（有自觉性，能控制自己的情绪）
- 果断性（能在思考后，当机立断做决定）
- 客观性（能听取各种意见）
- 善于自我批评
- 勤俭艰苦和具有灵活性

（二）确定指标权重

确定素质测评指标体系后，还需要对其进行量化，主要是配分和加权。配分就是把一定数量的总分按照一定的法则分派到不同层次的测评指标上的过程。配分的几种主要形式如下：

- 经验配分法：根据配分者自己的经验进行主观配分，包括等额配分和不等额配分。
- 层次分析法：建立在职务分析的基础上，采用层次分析法或模糊数学综合评判法求出每个测评指标的权重系数，然后把总分与权重系数相乘，即得到最后的配分。
- 统计分析法：建立在大量数据统计分析的基础上，主要参考历史经验来进行配分。

加权是依据测评指标中各个指标相对总体的不同“分量”赋予不同的百分数，以区分测评指标在总体中的重要性。加权方法主要有如下几种：

- 经验加权法：根据日常管理经验进行权重分配。
- 专家估计法：聘请部分专家各自独立地对测评指标体系加权，然后按每个测评指标进行统计，取其平均值作为权重系数，意见比较分散的指标权重系数则较低。

- 比较加权法：以同级测评指标中重要程度最小的那个为基础，其他指标与之比较，作出是它多少倍的重要程度的判断，然后进行归一化处理，即得到各个测评指标的权重系数。
- 德尔菲咨询法：反复咨询专家，根据专家反馈的意见进行加权。
- 层次分析法，即 AHP 法，其操作步骤是针对测评指标中同一层次的各个测评指标，运用两两比较法建立判断矩阵，类似对偶比较法求出每个测评指标的权重系数后，对权重系数进行一致性检验，并删除不合格的测评指标，最后进行综合运算，得出各测评指标相对整个体系的权重。

建立指标体系时，要注意测评指标和标准的确定，必须与具体的工作性质、职位特点相挂钩。测评指标和标准的设计，应当具有可比性，使指标、等级标准各自区分开。指标体系应当具有典型性，使之有代表性地反映现实中的职位特点。

（三）建立测评常模

测验常模简称常模，即指一定人群在测验所测特性上的普遍水平或水平分布状况。可分为组间常模和组内常模两大类。组间常模有年级、年龄常模，反映不同群体在测验上表现的差异。组内常模有百分等级、标准分数、离差智商等常模。

测评指标赋分并加权后，还必须建立常模，才能真正应用于实践。简单地说，常模就是确定将哪些指标归为一类，展示同一个特性，并确定分数对应的等级和管理含义。下面以表 5–1 领导风格测评量表来简要说明常模的建立方法。

表 5-1　领导风格测评量表

序号	题　目	答　案
1	你经营过咖啡馆、音乐茶座一类的行业吗？	是 否
2	平常在把决定付诸实施前，你认为有说明其理由的价值吗？	是 否
3	在领导部下的时候，与其一方面跟他们工作，一方面监督他们；还不如从事规划、草拟细节等管理性的工作，你认为是这样吗？	是 否
4	在你所管辖的部门有一位陌生人，你知道那是你的部下最近录用的人。你会不介绍自己而先问他的姓名吗？	是 否
5	流行走近你的部门的时候，你让你的部下追求流行吗？	是 否
6	让部下工作之前，你一定把目标及方法提示给他们吗？	是 否
7	与部下过分亲近会失去部下的尊敬，所以还是远离他们比较好，你认为对吗？	是 否
8	郊游之日到了，你知道大部分的人都希望星期六去，但是从许多方面判断，你认为还是星期日好。你是否意识到还是不要自己作主，而由大家来投票好？	是 否
9	当你想要你的部下做一件事情的时候，即使是一件谁都可以做的事，你也一定自己以身作则，以便他们跟随你吗？	是 否
10	你认为要把一个人撤职并不困难吗？	是 否
11	越能够亲近部下，越能够有效地领导他们，你认为对吗？	是 否
12	你花了不少时间拟订了一个问题的解决方案，然后交给一个部下，可是他却找这个方案的毛病。这时，你并不生他的气，但对于问题依然没有解决而感到坐立不安吗？	是 否
13	坚决处罚违纪者是防止违纪的最佳办法，你赞成吗？	是 否
14	假如你对某一问题的处理方式受到批评。你认为与其宣布自己的意见是决定的，倒不如说服部下，让他们相信你。	是 否
15	你是否让部下自由地与外人为私事而会晤？	是 否
16	你认为你的部下不应该对你存有二心。	是 否
17	与其自己亲自解决问题，不如任命解决问题的委员会，你认为对吗？	是 否
18	不少专家认为，在一个团体里发生意见的不同，是很正常的。但也有人认为，从团结的愿望出发，意见的不同是团体的弱点，你赞成第一种看法吗？	是 否

要将领导风格测评量表建立常模，首先要将18个问题分类，比如将1、4、7、10、13、16归为一类，对应专断型领导风格；将2、5、8、11、14、17归为一类，对应民主型领导风格；将3、6、9、12、15、18归为一类，对应自由放任型领导风格。

归类之后，再分析测评者在每类风格中的选择，如果在专断型领导风格的5题中选择最多，则可以判断该测评者在工作中倾向于独断专行，比较难听取别人的意见。

当然，常模的建立是个非常复杂的过程，不仅需要应用到统计分析技术，还涉及指标归类的合理性。成熟的测评量表，基本都有现成的常模可供采用，只需要结合企业实际对指标体系进行适当的调整。

（四）效度和信度评估

设计的指标体系、赋分体系、权重体系、常模等是否有效，需要结合测评结果的效度和信度进行反复评估和验证。

所谓效度，是指测评结果对所测素质反映的真实程度，是否测量到它所要测定的东西，是否达到它所预定的测评目标：

- 从内容性质方面分析的内容效度：实际测评到的内容与我们所想测评内容的一致性，比如是否包括了欲测评素质中的各种成分；包括在测评范围内的行为样本的比例结构是否与工作分析的结果相一致。

- 从指标相关性方面分析的关联效度：指测评结果与某种标准结果的一致性程度。

- 从实证方面分析的结构效度：是我们最为关心的效度，指实际所测评的结果与我们所想测评素质的同构程度。他表明了在多大的程度上，实际的测评结果能够被看成是我们所想要测评的素质在结构上的替代物。

信度是指测评结果反映所测评素质的准确性及所测结果的一致性和稳定性。信度一般包括以下三个方面：

- 再测信度：测评结果与以同样的测评工具、测评方式与测评对象再次测评结果间的差异程度，也就是将同一份试卷在相同的条件下对同一组被测者先后实施两次，两次测评结果的相关系数就是再测信度。

• 复本信度：测评结果相对另一个非常相同的测评结果的变异程度。比如，让同一被测者在两份或几份在构想、内容、难度、题型和题数等方面都平行或等值的试卷上测试，其测评结果的相关系数就是复本信度。

• 内部一致性信度：指所测评素质相同的各测评项目分数间的一致性程度。即如果某人在几个项目上都比别人高，而另一个人在几个项目上都比别人低，则说明测评结果具有内部一致性信度。

四、测评工具简介

（一）心理测验

心理测验实质上是对行为样组的客观和标准化的测量。通俗地说，就是借助心理量表，对心理特征和行为的典型部分进行测验和描述的一种系统的心理测量程序。它表现为：

• 心理测验是对个体行为的测量。这些行为主要是心理的而不是反射性的生理行为，是外显行为而不是内部的心理活动，是一组行为而不是单个行为。

• 心理测验是对一组行为样本的测量。所测量的行为组是有代表性的一组行为。因为任何个体在不同时间、空间及条件下的行为表现是不尽相同的，如果我们测评的行为抽样不同，则所得到的结果就会不同。心理测验和行为样组不一定是真实行为，而往往是概括化的行为反应。如投射测验、答题行为均不是真实的行为，而是一种间接的行为反应。

• 心理测验是一种标准化的测验，测验的编制、实施、记分及测验分数的解释程序的连贯性或一致性。要使测验的最后结果具有可比性，测验的条件就必须具有等同性或同一性。

• 心理测验是一种力求客观化的测量手段。客观性是心理测验编制的目标之一，也是优于其他一些非测验方法的要求之一。但值得注意的是各种都不可能绝对客观化，因此在使用时主试应尽量按测验要求进行，以确保测验结果的客观化和可比性。

心理测验一般均具有较高的可靠性和有效性。首先多选用经实证检验的心理测验量表为工具，这些量表一般具有较高的效度和信度；其次，对于自制量表，则需在测验编制、实施、记分及分数解释程序上实行标准化，建立可靠的常模，才能确保测验的可靠性和有效性。

根据测验的具体对象划分为认知测验和人格测验

认知测验是测评人的认知行为，主要包括：智力测验、成就测验、能力倾向测验等。

- 智力测验，即测验人的较稳定的、表现在认知能力方面的心理特质。它主要体现人在外部环境影响下，较不易改变的那些认知特点，如人的观察力、注意力、记忆力、理解力、抽象思维能力、判断推理能力等。在挑选企业经营管理者时经常采取这种形式。

- 成就测验，即对一个人已掌握的知识技能水平进行测试，主要反映被测者对一定知识内容的掌握运用程度。

- 能力倾向测验，介于智力测验和成就测验之间，它既可以反映一个人不易受环境影响的智力特点，又可以反映一个人较容易受到教育和训练影响的知识技能水平，还可以反映一个人的现有水平，也可以对较长期的未来发展做出预测，因此，此类测验被大量运用于员工的选拔和安置。

人格测验按其具体对象，可分为态度、兴趣、气质、自信心、价值观、动机、品德测验等。

（1）根据测验的目的划分为描述性测验、预测性测验、诊断咨询性测验、挑选性测验、配置性测验、计划性测验、研究性测验等。

（2）根据测验的材料特点，可分为文字性测验和非文字性测验（投射测验）。

（3）根据测验的实施对象可分为个别测验和团体测验。

（二）人格测验

所谓人格测验，是指用测验方法，对人的人格进行测量，测出一个人在一定情景下，经常表现出来的典型行为和人格品质，如动机、兴趣、爱好、情感、性格、气质、价值观等。主要方法包括问卷法和投射法。

人格测验主要包括问卷法和投射法。

- 问卷法：比如明尼苏达多相人格量表（MMPI）、加州心理量表（CPI）、卡特尔16种人格因素量表（16PF）、爱德华个人爱好量表（EPPS）、艾森克人格问卷等。
- 投射法：这是一种结构不明确的测验，其优点是在被测者未觉察测验目的的情况下，通过个人的经验和主观意愿给以解释，从而推断该人的态度、冲动、动机和人格的方法。主要有罗夏墨迹测验和主题统觉测验。

1. 需要与动机测评工具

需要来源于外界现实，是人格积极性的源泉，同时又受到社会环境的影响。如马斯洛的需要层次论，将人的需要划分为生理需要、安全需要、人际关系需要、尊重需要、自我实现需要等五个层次。爱德华个人爱好量表将心理需要倾向划分为自责、成就、接近他人、攻击、自主、求变、关注他人、支配、执著、表现、异性恋、内省、养育、求秩序、帮助他人等。

2. 兴趣测评工具

兴趣是人积极地接触、认知和探究某种事物的心理倾向。个体的兴趣取向与一个人的年龄、性别、能力有关。比如库德兴趣量表把职业兴趣分成十类：室外活动的、对机械的、对计算的、对科学的、对宣传的、对艺术的、对文艺的、对音乐的、对社会服务的、对文书的等。

3. 价值观

指关于对事、对人、对社会重要性的评价标准和尺度。价值观并不是静态的，它不仅有对客观事物意义的判断、评估和看法，也具备发动、推动、调整行为，使其向着有价值的或更有价值的目标迈进的动力。而职业的价值观是通过职业观、生活态度、人生目标等方面的调查概括出来。日本有学者把职业价值观分为 9 类：

- 独立经营型：不愿意受别人的支使和干涉，只靠自己的力量，任意施展自己的才能，自己独立完成工作。
- 经济型：以赚钱作为自己人生的目标和职业目标。
- 支配型：以追求权力、地位作为人生目标。
- 自尊型：渴望得到别人的尊重、社会地位和荣誉，追求虚荣。
- 自我实现型：不关心人所共有的幸福和一般惯例，一心一意追求个性、探索真理，对收入、地位乃至他人全然不顾，喜欢向自己的能力和可能性的极限挑战，并把这种挑战看成生存的最大意义。
- 志愿型：富于同情心，把别人的痛苦视作自己的痛苦，乐于帮助别人，为大众服务。
- 家庭型：以自家为中心，喜欢平凡、安定的生活，注重与家人的团聚，生活态度保守而稳重，不愿意冒险。
- 才能型：比较单纯，爱戴高帽子，把受别人的欢迎、赞扬视为乐趣，常以能说会道博得众人好感。
- 自由型：办事既无目的也无计划，不愿负责任，不给别人添麻烦，也不想受任何拘束，愿意随心所欲地生活和工作。

4. 气质

气质就是我们通常所说的脾气、性情，是指一个人典型的表现于心理活动的速度、强度、稳定性和指向性等动力方面的特点，它是生理基础上形成的稳定的心理特征。气质可以划分为胆汁质、多血质、黏液质、抑郁质，有额可以划分为变化型、重复型、服从型、独立型、协作型、机智型、经验决策型、事实决策型、自我表现型、严谨型等。

气质的测量工具主要有问卷法，比如斯特里劳气质量表、凯尔西气质量表等。

5. 性格

性格是个人在对现实的态度和行为方式中表现出来的稳定的个性心理特征，是某些心理特征在一个人身上的有机结合，体现了个人的独特风格。

19 世纪英国的心理学家陪因和法国心理学家查理把人的性格划分为理智型、情绪型、意志型等三种。瑞士心理学家荣格则将性格划分为外倾型、内倾型两种。

性格测试量表主要有 MBTI 职业性格测试、DPA 动态性格测试等。

6. 能力

能力倾向是一种潜在的与特殊的能力，是一些对于不同职业的成功，具有某种预见性和潜在可能性，并在个体身上具有稳定性和恒常性的心理因素。它经过训练就变成一种才能，是事业成功的可能条件。它与智力有关系但无必然的联系。

能力倾向测验主要用于测量被试的潜在成就或预测将来的作为水平，帮助被试或决策者在学术咨询或职业安置中选择合适的训练程序或岗位，具有诊断和预测，主要分为一般能力倾向测验和特殊能力倾向测验。一般能力倾向测验比如美国 GATB 通用职业能力倾向测验，特殊能力倾向测验比如美国 CST 计算机临床模拟测验、明尼苏达办事员能力测验等。

创造力被认为是“向不同方向发散”的能力，它不受给定事实的局限，使得个体在解决问题时能够产生各种不同的解决问题的方法和思路。它不等同于学术智力，又不能完全由智商来反映。有代表性的是吉尔福德智力能力结构测验和托伦斯创造性思维测验。

（三）评价中心

评价中心是以评价管理者素质和操作能力为中心的测试活动，起源于情景模拟，由德国心理学家哈茨霍恩等人 1929 年建立的一套用于挑选军官的非常先进的多项评价程序演化而来，它是将各种不同的素质测评方法相互结合在一起的一种新型人员素质测评技术，被广泛应用于管理人员的素质与潜能测评、选拔与培训活动中。

评价中心使用多种评价技术，包括谈话、各种纸笔测试、心理测试、情景模拟练习、公文处理练习、无领导小组讨论、角色扮演练习、管理游戏、案例分析等。

评价中心对于人员的选择具有很高的预测效度，对高级管理人员的提升效果最好，而对于提升中低层管理人员也具有很高的效度。

1. 公文处理法

公文处理法又称为文件筐测验，公文处理练习也称为“文件筐”。公文处理法是评价中心中用得最多、也是最重要的测评方法之一。它是对管理人员的潜在能力进行测定的有效方法。在这种测评方法中，要求被试阅读和处理备忘录、信函等一系列文字材料，其涉及的问题因候选人拟任岗位的要求不同而不同。

例如：如果是录用科员岗位的人员，问题可能仅涉及理解并遵循指令，安排日常事务性工作，文稿归类整理，协调归类整理，协调各方面执行等任务，而对于高一定层次的管理人员，则可能涉及十分广泛的问题，诸如人事安排，人事关系，财政支出与控制下属的能力，内部关系和组织结构等。

候选人所作出的决策要根据以下几个方面的因素来评定：领导能力与控制，问题分析，授权与委托以及计划和组织。被评价者将扮演某一领导者的角色，他将面对一堆信件或文稿，包括通知、报告、客户来信、下级反映情况的信件、电话记录、关于人事或财务等方面的一些信息以及办公室的备忘录等。

在文件筐测评中，被测者假定为接替某个管理人员的工作，他将面对一大堆亟待处理的各种文件，不仅要求在规定的时间内处理完毕，还要回答评价人员的提问以及处理的理由，所以公文处理法的效度和信度均较高。

2. 案例分析法

案例分析法又称个案研究法，是哈佛大学于 1880 年开发完成，后被哈佛商学院用于培养高级经理和管理精英的教育实践。哈佛大学的案例分析法，开始时只是作为一种教育技法用于高级经理人及商业政策的相关教育实践中，后来被许多公司借鉴过来成为用于培养公司企业得力员工的一种重要方法。通过使用这种方法对员工进行培训，能明显地增加员工对公司各项业务的了解，培养员工间良好的人际关系，提高员工解决问题的能力，增加公司的凝聚力。

案例分析法需要结合文献资料对单一对象进行分析，得出事物一般性、普遍性的规律的方法，并要求向高层管理部门提交分析报告，以此考察被评价者综合分析能力和判断决策能力。

3. 无领导小组讨论

小组讨论中典型的形式是无领导小组讨论，也是评价中心中常用的一种形式。其操作方法是给被评价者一个待解决的问题，给他们大约一个小时左右的时间，让他们展开讨论以解决这个问题。被评价者的最佳数量一般是 5～7 人。所谓“无领导”就是说参加讨论的这一组被评价者，他们在读者讨论的问题情境中的地位是平等的，其中并没有指定哪一个人充当小组的领导者。当然在讨论的过程中一般会自发地产生领导。

评价者并不参与讨论的过程，他们只是在读者讨论之中向被评价者介绍一下讨论的问题，给他们规定所要达到的目标以及时间限制等，至于怎样解决问题则完全由被评价者的组织协调能力、领导能力、人际交往能力、辩论说服能力以及决策能力等，同时也可以考察被评价者的自信心、进取心、责任感、灵活性以及团队精神等个性方面的特点及风格。

（1）模拟面谈。主试者要求被测者与他人谈话，在谈话过程中观察被测者的能力素质。谈话主要分三种类型：

- 电话谈话：通过被测者在电话中的交谈判断其心理素质、文化修养、口头表达能力、反应能力等。
- 接待来访者：由主试者扮演推销人员、来叙旧人员、来公司纠缠人员或来公司谈生意的人员，并由被测者负责接待，观察被测者在接待时的态度、驾驭谈话的能力、快速处理问题的能力、处理公事和私事的态度等。

• 拜访有关人士：由主试者扮演上级、下级、同事、重要客户、司法人员、新闻界人士等，让被测者来拜访，以观察其待人接物的技巧、语言表达能力、有关的专业知识、应付各种困难的能力等。

（2）演讲法

演讲法通过让被测者就一定题目发表演讲来评价其沟通技能、思维敏捷性、系统性、条理性、创造性、说服能力以及自信心等的一种评价形式，包括即兴演讲和有准备的演讲。

1）事实判断。给予被测者少量的有关某一问题的信息资料，然后要求他作出对这一问题的全面分析。他可以通过向主试者提出一些问题来获得其他信息。比较适合测试被测者搜集信息的能力及如何从不愿意或不能够提供信息的人那里获得信息，并最后把握事实的能力，以及被测者的决策技能和压力承受技能。

2）情景模拟法。情景模拟又称模拟作业、仿真测评或模拟测验，它是设置一定的模拟情景，让被试扮演一定角色，在模拟的情景中按考官提出的要求，完成一个或一系列任务、活动，从而预测被试在拟聘岗位工作上的实际能力和水平。考官们根据被试在模拟情景中的表现或通过模拟提交的报告、总结材料为其打分。

例如，评价一个较高层次的行政领导胜任能力时，可以把候选人置于更广的组织机构背景内，在其中，要求他们浏览多种多样的背景材料，然后进行口头综述，说明他们对这些材料中提出的问题的分析要点和他们的结论。这些问题可能涉及下述内容：项目的规划、管理、传递，组织政策，人力资源管理，财政以及行政管理等。这些项目可评定出诸如计划、指导和控制，分析和评价行政及管理问题，分配用组织工作，口头交流与写作，在压力之下有效地工作等能力。角色扮演主要是用以评测人际关系处理能力的情景模拟活动。在这种活动中，主试设置了一系列尖锐的人际矛盾与人际冲突，要求被试扮演某一角色情景，模拟实际工作情境中的一些活动，去处理各种问题和矛盾。主试通过对被试在不同人员角色的情景中表现出来的行为进行观察和记录，测评其素质潜能。

情景模拟法较为复杂，但它更为真实。这种方法的缺点就在于被评价者的观察和评价是比较困难的，而且这种方法费时较长。

3）管理游戏法。在这种活动中，小组成员各被分配一定的任务，必须合作才能较好地解决它，例如购买、供应、装配和搬运。有时引入一些竞争因素，如三四个小组同时进行，以分出优劣。通过活动考察被测者的综合管理能力，如劳动力组织划分和动态环境相互作用及更为复杂的决策能力等。

• 组建集团游戏：被测者分别持有公司股票以便能控制公司，最终目的是要把公司合并为集团。要想获得成功，公司必须在股票市场对其活动很好地加以组织和安排。通过这个管理游戏，可以考察被测者自身的行为弹性、在压力下工作能力、领导行为及人际关系敏感性等素质。

• 组建公司游戏：由几名被测者组成一个小型公司，主营范围、经营机制、产品设计、生产与营销、人事财务等问题均由小组自定。被测者将互相合作去组建公司，并进一步给公司定位、拟定财政政策、确定投资、安排各生产环节和市场营销、发行股票等。在这个活动中主要考察谁是小组中自然形成的领导人，继而考察其组织能力、经营能力、市场敏锐性、思维的敏捷性及压力条件下的工作能力，以及当外界经营环境发生变化时，这个领导人快速适应新环境的能力。

五、员工满意度测评

通过员工满意度测评，可以判断员工对公司和工作的满意程度，并由此评价招聘的质量。

所谓员工满意度，就是相对于个体的生活满意度和总体满意度而言，特指个体作为职业人的满意程度。它和员工生产率、缺勤率等代表员工绩效的指标之间的相关度很低，但不能因此而否定员工满意度的重要性。生产率和缺勤率是过去和现在状态的指标，而满意度是面向未来的指标，更为满意的员工将会把心情带到工作中，间接影响行为，通过行为影响未来绩效。

该定义既体现了员工满意的程度，又反映出企业在达成员工需求方面的实际结果。满意是个相对的概念：超出期望值满意；达到期望值基本满意；低于期望值不满意。员工在特定的工作环境中，通过其对工作特征的自我认识，确定实际所获得之价值与其预期所获得的价值之间的差距。差距大，满意度低；反之，差距小，满意度高。盖洛普路径图就形象地说明了员工满意度对企业经营产生的影响，如图5-4所示。

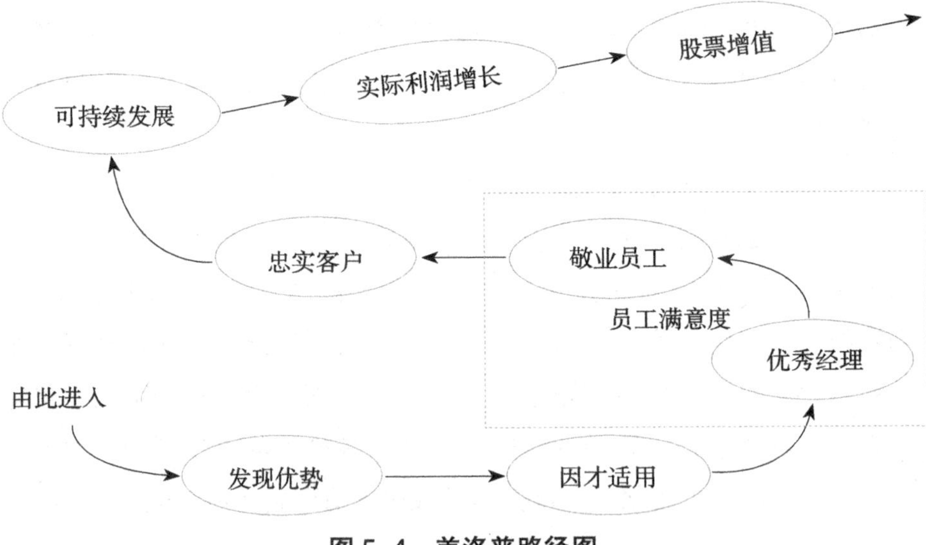

图5-4　盖洛普路径图

了解员工心理和生理两方面对企业环境因素的满足感受并做适应性改变，有助于降低员工流失率，提高企业经济绩效。员工之所以产生满意的感觉，往往是因为实现了某种目标，或需求得到了满足。满意感有正向和负向之分，满意和不满意代表截然相反的两个方向，但却不是同一线段的首尾两端。

20世纪50年代后期，美国心理学家赫兹伯格调查发现，人们对诸如本组织的政策与管理、工作条件、人际关系、薪酬等，如果得到满足就没有不满意，得不到满足就会不满意，赫兹伯格称之为“保健”因素；而对于成就、赏识和责任等，如果等到满足就会满意，如果得不到满足就不会产生满意感，但也不会不满意，赫兹伯格称之为“激励”因素。

员工满意度的个性特征：

- 满意度具有一定的性别差异。由于社会对男性比对女性具有更高的期望，使得男性比女性承担了更大的压力，也更难以对生活和事业产生满意。

- 满意度具有一定的年龄差异。随着年龄的增长，人们在感情上会感觉日益疲惫，但却增加了对已取得成就的肯定，或降低了对自己的抱负水平，使得年长者比年轻者表现出较低的快乐感，却显示出较高的满意度。

- 满意度受教育程度的影响。教育程度越高，人的素质和能力越强，需求，特别是高层次的需求就越容易满足，满意度就越高；同时，在同等条件或条件相差不大的情况下，受教育程度越高，满意度却越低。

- 任职时间对满意度也有影响。任职时间越长，对企业的认同感就越大，相应的满意度也越大。

（一）员工满意度的测评维度

员工满意度的测评维度基本包括工作本身、工作回报、工作背景、工作群体和企业五大类（见图5-5）。

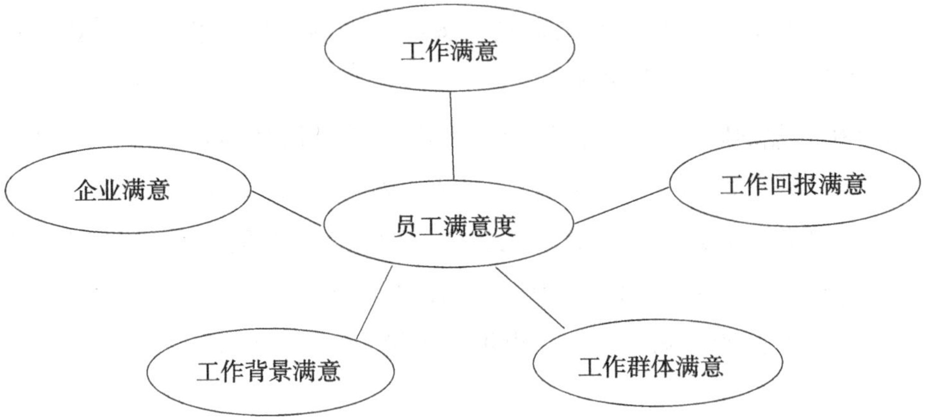

图 5–5　员工满意度模型

● 对工作本身的满意程度：包括工作合适度，比如工作是否适合自己、是否符合自己的愿望、是否对工作有兴趣、是否提供学习机会、成功机遇如何、目标是否可实现、工作量是否适当、工作中遇到困难是否可以及时解决等；责权匹配制度；工作的挑战性；工作胜任度，也即拥有工作要求的技能、素质、能力及足够自信；提高工作生活质量等。

● 对工作回报的满意程度：包括工作认可度、事业成就感、薪酬公平感、晋升机会等。

● 对工作背景的满意程度：包括工作空间质量，比如工作环境及企业所处地区；工作时间，是否有合适的工作时间、休息时间和加班制度；资源配置程度，工作必需的工具、设备、条件以及其他资源；福利待遇，工作提供的福利、退休金、保险、休假等的满意程度。

● 对工作群体的满意程度：包括合作和谐度，比如上级的信任、支持、关心、指导，同事之间合适的心理距离，相互理解和尊重，友好的界面等；信息开放度，比如信息渠道畅通，信息传播准确高效等。

● 对企业的满意程度：包括企业了解度，比如对企业的历史、文化、战略、政策、制度的理解和认同程度；组织参与度，参与决策的机会，意见和建议受到重视的程度等。

员工满意度的分类并不是绝对的，各部分之间，以及每一部分的构成之间也会有互相影响的作用。如工作本身的满意和工作回报的满意会加强对企业的满意感，而对企业越是了解和认同，就越能激发事业成就感，对工作回报就越能理解和满意。

员工的满意感和不满意感并不是简单的逆向关系。在上述五大要素中，有的属于保健因素，如工作适合度、薪酬公平度、工作空间质量等，有的属于激励因素，如工作挑战性、事业成就感、责权匹配度等。这些因素对增加员工满意度的作用是不一样的。比如保健因素，即使企业改善了工作空间，也只能减少员工的不满意感，但并不能产生激励作用。

（二）员工满意度的测评程序

员工满意度测评程序主要包括五项内容：

1. 企业现状调查

要对员工满意度进行准确的调查，必须对企业现状有足够的了解。企业现状调查可以通过焦点组访谈法开展，从不同部门、性别、年龄的员工中分别选取一些员工进行座谈，会议主持人事先把问题标准化或列出提纲，然后有序地按这些问题来讨论，或者通过企业内部资料了解企业现状，或者通过问卷法进行调研。

2. 选择测评工具

开展员工满意度调查之前，需要确定测评目的、范围、侧重点、内容等，并据此设计调查问卷，或者选择已经应用于实践的合适的测评工具。常用的员工满意度测评工具主要有以下几种：

- 工作描述指数法：本量表主要衡量工作者一般的工作满足，亦即综合满意度，它对薪酬、晋升、管理、工作本身和公司群体都有各自的满意等级，可用在各种形式的组织中。

- 工作满意度指数量表：本量表主要衡量工作者一般的工作满足，亦即综合满意度。

- 明尼苏达满意度调查量表：本量表分为短式及长式两种。短式包括20个题目，可测量工作者的内在满意度、外在满意度及一般满意度；长式问卷则有120个题目，可测量工作者对20个工作构面的满意度及一般满意度。20个大项中每个项下有5个小项。这20个大项是：个人能力的发挥、成就感、能动性、公司培训和自我发展、权利、公司政策及实施、报酬、部门和同事的团队精神、创造力、独立性、道德标准、公司对员工的奖惩、本人责任、员工工作安全、员工所享受的社会服务、员工社会地位、员工关系管理和沟通交流等。

- 彼得需求满意调查表：其提问集中在管理工作的具体问题，每个问题都有两句，如“你在当前的管理位置上个人成长和发展的机会如何？理想的状况应如何，而实际状况又如何？”等，适用于管理人员。

- 工作说明量表：本量表也简称JDI，可衡量工作者对工作本身、薪资、升迁、上司和同事等五个构面的满意度，而这五个构面满意分数的总和，即代表整体工作满意度的分数。JDI的特点是不需要受测者说出内心感受，只就不同构面（题数不一定相同）找出不同的描述词，由其选择即可，因此，对于教育程度较低的受测者也可以容易地回答。由于本量表在美国作过反复的研究，发现施测效果良好，受到许多学者的一致的推崇。国内学者采用JDI量表者也非常多，根据中调网的统计，约有80%以上的研究者均采用此量表作为工作满意度的衡量工具，所获得的效果亦受到非常满意的好评。

- SRA员工调查表：本量表也称SRA态度量表，包括44个题目，可测量工作者对14个工作构面的满意度。

- 工作诊断调查表：本量表简称JDS，可测量工作者一般满意度、内在工作动机和特殊满意度（包括工作安全感、待遇、社会关系、督导及成长等构面）；此外，并可同时测量工作者的特性及个人成长需求强度。

- 工作满意量表：本量表可测量受测者对自尊自重、成长与发展、受重视程度、主管态度、独立思考与行动、工作保障、工作待遇、工作贡献、制订工作目标与方式、友谊关系、升迁机会、顾客态度及工作权利等 13 项衡量满意度的因素。

• 洛克、阿莫德和菲德曼量表：洛克提出的员工满意度构成的 10 个因素：工作本身、报酬、提升、认可、工作条件、福利、自我、管理者、同事和组织外成员。阿莫德和菲德曼提出，工作满意度的结构因素包括工作本身、上司、经济报酬、升迁、工作环境和工作团体。

因篇幅所限，笔者主要选择在咨询实践中采用过且取得不错效果的盖洛普 Q12 测评法和斯佩克特的 JSS 测评法的具体使用进行简要介绍。

盖洛普 Q12 测评法就是针对员工敬业度和工作环境的测量。盖洛普通过对 12 个行业、24 家公司、2500 多个经营部门、10 万多名员工进行调查分析后，发现 12 个关键问题最能反映员工的保留、利润、效率和顾客满意度这四个硬指标。这 12 个关键问题是：

• 在工作中我有明确的工作职责
• 我拥有完成工作所必需的设备与设施
• 每天都有机会发挥我的专长
• 在过去的 7 天中，我曾经受到表扬
• 在单位，有人关心我的成长
• 上级和同事关心我的个人
• 公司宗旨使我感到我的工作很重要
• 在单位，我说话得到尊重
• 我在工作单位有一个最好的朋友
• 我的同事对质量精益求精
• 在过去 6 个月内，单位有人谈到我的进步
• 去年我有机会学到新东西

对上述 12 道题的回答，可以很好地反映一个人的工作认可度、事业成就感、合作和谐度、企业认同感等满足员工高层次需要的激励性质的指标，不过对于满足低层次需要的指标则关注不足。

在盖洛普根据民意调查所作的研究中显示，一个企业最终制胜的关键不在于它的硬件投资，而在于它的软件管理，即服务、人才的管理。企业的发展依赖于忠实客户的扩大，忠实客户的扩大又有赖于敬业的员工。从这个意义上来说，服务做得越好，企业竞争力就越强；企业的竞争力越强，企业效率就会持续提升。这也符合马克思“人是生产力当中最活跃的因素”的著名论断。

盖洛普 Q12 测评法主要是针对团队的工作环境和员工的敬业度方面的测评，这 12 个软性问题与公司硬性的业绩指标紧密联系。研究发现：员工敬业度高的公司与低的公司相比，员工的保留率将提升 13%，生产效率提高 5%，顾客满意度增加 52%，公司利润率高出 44%。并且，通过案例表明：员工敬业度上升 5 个单位，顾客满意度将上升 1.3 个单位，最后将使公司收益增长水平上升 0.5%，由此看出：高度敬业的员工将开启企业踏上成功之路的大门。

JSS 测评法是美国工业心理学家斯佩克特研教授设计出来的。该测评法主要包括 36 个问题：

1. 我感到我做的工作得到了应得的报酬
2. 在我的工作中晋升的机会很小
3. 我的上司完全胜任他的工作
4. 我对我目前得到的福利待遇不满
5. 当我出色地完成一项工作时，我得到了应有的赏识
6. 我们单位大多数的规章制度使得干好一件工作很困难
7. 我喜欢我的同事
8. 我有时感到我的工作没有意义
9. 在我们单位中存在良好的交流和沟通
10. 加工资的间隔时间很长
11. 在我们单位中，工作出色的人有足够的晋升机会
12. 我的上司对我不够公平
13. 我们得到的福利待遇和大多数其他单位提供给员工的一样

14. 我感到我干的工作没有得到承认

15. 我干好一件工作的努力很少受到太多规章制度的约束

16. 由于同事能力有限，我不得不在工作中付出过多的努力

17. 我喜欢我目前所干的工作

18. 我不清楚本单位的发展目标

19. 当我考虑我的工资时，我感到没有得到单位的认可

20. 员工在本单位的晋升机会和其他单位的情况差不多

21. 我的上司很少体谅下属

22. 我们单位的福利待遇是公平的

23. 在本单位工作的员工很少受到奖励

24. 我的工作量总是很大

25. 和我的同事在一起，我感到很愉快

26. 我常常觉得我不知道本单位发生的事

27. 我对我的工作有一种成就感

28. 我对我在本单位涨工资的机会感到满意

29. 有些我们单位应该有的福利待遇我们没有

30. 我喜欢我的上司

31. 我有很多文案工作（如报告、总结等）需要做

32. 我感到我工作的付出没有得到应有的回报

33. 我对我晋升的机会感到满意

34. 工作中存在很多相互推诿、扯皮的现象

35. 我对工作有乐趣

36. 分配给我的工作常常不能解释清楚

JSS 测评法索要测评的工作要素包括报酬（对应 1、10、19、28）、晋升（对应 2、11、20、33）、上司（对应 3、12、21、30）、福利（对应 4、13、22、29）、认同感（对应 5、14、23、32）、规章制度（对应 6、15、24、31）、同事（对应 7、16、25、34）、工作性质（对应 8、17、27、35）、沟通（对应 9、18、26、36）。

在 JSS 测评法中，每个问题提供六个答案，分别是 1 代表非常不同意，2 代表不同意，3 代表有点不同意，4 代表有点同意，5 代表同意，6 代表非常同意。

为了保证回答的真实性，斯佩克特在问卷中将 2、4、6、8、10、12、14、16、18、19、21、23、24、26、29、31、32、34、36 设计为逆向题目，这些题目的实际得分应由 7 减之。例如选 1，实际得分是 7–1 为 6，如果选 6，实际得分是 7–6 为 1。如果有些项目没有选择答案，可采用工作要素均值或总均值来替代，或者直接用数字 3 或 4 替代。

成熟的模型基本考虑的是普适性，如果企业需要对特定领域或者特定问题进行调研，也可以自行设计调查问卷，并建立赋分系统和常模。

3. 分析测评结果

测评结束后，需要对测评结果进行分析，尤其是寻找满意度不高的因素，探究背后的深层原因，并提出改进的措施和建议等。

对测评结果进行描述，一般包括以下几个方面：

- 维度统计：对所有维度的得分进行汇总，并根据每个维度的赞成率、往年满意度测评结果、企业实际情况等确定一个绝对指标，如 60% 赞成率的，被定为优势项目，低于 40% 的，被定为劣势项目。
- 结果分析：比如通过平均值统计，分析工作要素普遍存在状况；差异度分析，查找得分最高和最低的三个维度，并进而说明哪些方面企业做得好，哪些方面企业做得不够。
- 行业比较：员工满意度应该与行业内其他竞争对手比较，这样才会有一个更宽的视野来缩小与其他竞争企业或优势企业的差距。
- 补充内容：根据员工满意度测评的补充内容，对以后满意度测评问卷或测评方式进行修改和完善。

员工满意度调查的最终目的并不在调查本身，而是通过调查结果的分析，查找企业管理存在的差距和缺陷，提升员工的满意度。当然，在管理实践中，员工的要求也不一定都是合理的，有些不满情绪来自非理性的认识，比如高估自己的能力和价值。对这类不满意因素，企业不可能有求必应地加以解决，而应通过和行业内同类企业对比、加强部门间和员工间的沟通、通过培训引导员工从单纯的物质利益引导到职业素养提升和理想价值实现等措施，帮助员工调整心理预期。

4. 跟踪反馈效果

对员工满意度测验的效果评估，主要关注经济型和实用性两个方面：

- 效果的经济性评估：能够以一定的投入获得较大的产出，成本表现为聘请外部顾问的咨询费、增加员工培训的费用等，效益是指企业在劳动生产率、出勤率、顾客投诉率、销售收入、利润率等指标上的变动情况。

- 效果的实用性评估：通过改进措施对员工满意度指标的改善。由于整改措施的效果不可能一步到位，立竿见影，新的员工满意度指标往往要通过下一轮测评才能反映出来。

总之，员工满意度工作是一个像 PDCA 循环一样没有终点的过程，通过这些工作的不断循环滚动，企业可以准确全面地了解员工的满意状况，掌握员工现实和潜在的需求，并采取有效的管理措施，激发员工对工作和企业的热情，提高员工综合素质，由员工绩效提升达到组织绩效的大幅提升。

本章小结

人才素质测评既可以帮助组织甄选适合职位需求的人才，也可以帮助人才全面深入地认识自己，因此，本书将人才素质测评定义为聚才增值的利器。

本章主要介绍素质测评的定义，对素质及胜任特征进行分析，并据此建立完善的素质测评指标体系。

本章介绍的测评工具，基本只是进行分类并择要介绍，有关测评工具的详细内容及使用方法，读者可以自行搜索。

员工满意度也可以作为招聘效果评估的有效手段，并且可以对人才状况进行准确把握，所以本章也简要介绍员工满意度测评的内容及使用方法。

第三部分 穿越时空的体验

互联网时代的创新总是以一种浪潮的形式出现，不断颠覆那些传统的东西，随着中国网民数量不断发展与普及，以及移动互联技术的快速发展，中国互联网已经逐渐迈入了全民阶段。这一方面带来了互联网产业景气的不断攀升，另一方面也必将导致产业深层次结构的变化，门户、电子商务、搜索引擎、网络招聘等都面临着新一轮的冲击与洗牌。

目前，国内互联网呈现开放大势，信息的共享与合作成为各类网站发展的主流。而各家巨头也纷纷推出了自己的开放平台。开放之势在搜索引擎、桌面客户端、浏览器、电子商务、社交网站等各个领域迅速铺开，并延伸到网络招聘行业。网络招聘传统的用户免费投放简历，招聘企业浏览求职信息并支付费用的模式已经渐渐失去了原先的活力，传统招聘网站对于求职者和招聘企业的吸引力都已经大不如前，面对社交网站、分类信息以及微博招聘等新型招聘模式的冲击已经力不从心。比如分类信息网站赶集网在2015年年初将重心转移到招聘之后，放言两年内实现15亿元营收费额。

招聘网站的社交化时代已经来临，在社交网站介入网络招聘的同时，传统网络招聘也在不断转型引入社交模式。社交模式的出现很大程度上让网络招聘更加开放，信息业更加对称匹配。求职者可以关注自己心仪的公司和职位，招聘信息的实时更新也能及时被求职者获取。而招聘一方则可以通过互动与求职者相互了解，得到更多的反馈信息。

相比传统的网络招聘模式成本也有所减少，吸引力自然大幅上升。

由于互联网的发展速度实在太过迅速，社交化招聘的内部都已经隐隐分化出了传统与新锐，这样一种变化其实与技术没有太大关系，属于商业模式的颠覆与重构。

在对人才招聘领域进行移动互联时代的发展研究之前，笔者想对人才招聘的发展历程做一个简单梳理。概括来说，人才招聘大致经历了五个阶段，如下图所示：

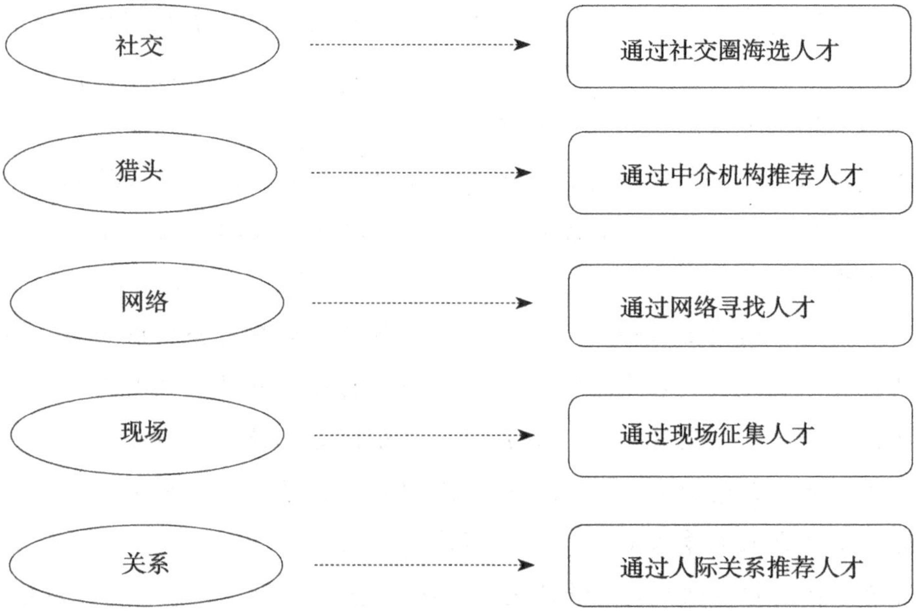

人才招聘的演变模型图

第一阶段：以关系为主要特征的人才招聘。

这个阶段主要根据个人关系寻找合适人才。这种招聘要想获得较好效果，必须依靠个人的社交面足够广泛。如果社交面比较狭窄，接触到的人才资源数量就会比较少，要找到合格人才的困难相对较大。

第二阶段：以现场为主要特征的人才招聘。

在最近的十来年，举办现场招聘会一直是企业最主要的招聘方式。

这种招聘方式最大的优点是可以由招聘举办方统一发布广告，可以吸引到大量潜在人才，并可以现场进行直接沟通。但总体上来说，这种招聘方式中企业基本上还处于被动地位，到场的应征者符合职位要求的比例往往不会很高。同时，这种招聘方式的成本比较高，不仅需要有参展费、布景费、交通费等各类费用，还要耗费人力资源管理者大量的时间和精力。

第三阶段：以网络为主要特征的人才招聘。

通过网络进行招聘，最大的优点是通过网络能快速收集到大量的人才资源，企业可以主动在人才库中寻找潜在的合适人才，这种招聘方式的人才获取成本相比现场招聘大幅降低。但网络应聘的局限性也是显而易见的。

1. 信息真实度低。网络招聘面临着和传统招聘同样的问题，即信息的真实性问题。如何进行网上身份的认证，以避免虚假信息和不严肃行为的侵入，是目前困扰网络招聘发展的最大难题。网络招聘中的不真实信息来源于用人单位、招聘网站和个人。有些招聘网站由于没有充足的信息源，就采取“盗用”知名招聘网站信息的做法。这样，明明一个公司的招聘已经结束，但是过期的招聘信息和作废的E-mail信箱依然挂在公司根本没有正式委托过的网站上，成为无效的信息垃圾，误导了应聘者。同时，国内大多数招聘网站由于技术能力的限制，无法做到对每条信息的真伪一一甄别，网站会员的登记还没有真正实行“实名制”，也没有强制性的核查和惩罚措施。因此企业可以随意发布虚假信息，骗取报名费和培训费，个人也可以随意填写虚假简历和信息。

2. 应用范围狭窄与基础环境薄弱。我国整体的网络环境还不成熟，网络技术在国内企业和普通百姓中并不普及。目前适合在网上招聘的工作岗位较为单一，那些可能采用网络招聘的企业大都局限在计算机应用普及率较高的行业，招聘对象也多局限于一些文化水平较高的人员。此外，在现有的人群中，使用网络较多的是年轻一族，或者是从事高新技术产业的人，这样就使得应聘人群受到限制。对于不上网或使用网络较少的人，网络招聘的作用不明显。

3. 技术和服务体系不完善。网络招聘并不是简单地把招聘信息搬上网。除了具备必要的技术实力以外，招聘网站还必须对人力资源有深刻的理解，需要有较强的市场策划与推广能力，以吸引更多的应聘者。然而目前大多数招聘网站在深层次的服务上还很薄弱，对人才市场的分析、市场供求倾向、薪资水平、相关人事制度变化等方面的咨询服务也十分有限。网络招聘的服务体系还处于初步发展阶段，需要进一步发展改进。另外，软件版本不同或不兼容产生的乱码，互联网上广泛传播的病毒等也限制了网络招聘的发展。同时，网络求职涉及隐私权问题，个人或企业在网络上输入的信息有可能被他人窃取利用，从而造成名誉和经济上的损失。虽然我们有一些网络管理机构，但是并没有对网络招聘负责的部门，也缺少规范网络招聘的政策法规。因此，网络招聘市场秩序比较混乱，恶意行为时有发生。受害者在网上无处投诉，更不知道如何将其诉诸法律。

4. 信息处理的难度大和网络招聘的成功率较低。信息的极大丰富也就意味着信息的极大泛滥。先进的网络技术极大地提高了信息传递的速度，对于一个职位会同时产生许多的求职者。在招聘组织收到极为丰富的简历的同时，也会出现简历数量过于庞大，人力资源部门不得不花费大量的时间进行筛选，疲于应付的现象。此外，大量无效的信息还会增加真正合格的候选人漏选的可能性。有统计表明，一些进行网上招聘的规模较大的企业每周要接收500～1000份新简历。面对如此多的简历，人力资源管理者通常是匆匆浏览一遍后就将其中的80%删除了，一般浏览每份简历的时间不超过半分钟。要让公司在半分钟内通过一封E-mail对应聘者产生兴趣，其难度可想而知。在网上有过求职经历的人中，75%都经历过失败。

第四个阶段：以猎头为主要特征的人才招聘。

为各个企业提供招聘等相关人力资源服务的中介机构，就是我们常说的猎头公司。作为一个国外衍生的新生物，猎头公司近年来广泛被国外的企业所沿用，也被部分大型国内企业所接受。国内早期发展起来的一些人力资源中介机构也逐渐向猎头公司转型。

猎头招聘的优点是作为一种专业的人力资源中介机构，具有广泛人才搜索网络，它会根据企业所需人才的职业和职位的不同，为企业推荐不同的人才。在推荐的同时，猎头公司会帮助企业对推荐的人才进行初步的资质审查，技术技能的评测。由猎头公司来推荐人才，具有效率高，招聘有的放矢，节省人力的优点。在人员的从业素质、职业道德上也有一定的保证。

猎头招聘的缺点是通过猎头公司进行招聘成本非常高。中介成功后，猎头公司一般收取企业的中介费用一般为中介成功的人员年薪的30%～50%，职位较高或者稀缺型的人才，猎头服务费甚至高达该职位一年的年薪。

第五个阶段：以社交为主要特征的人才招聘。

移动互联时代的产品和服务，无外乎基于云计算、大数据和社交化。通过云计算，实现云端协作，让移动化服务、碎片化操作成为可能；通过大数据，可以对海量数据进行分析，并解读潜在的管理信息；通过社交化，实现人才之间的互联互通，将人才招聘的边界突破原来的封闭状态，实现全社会甚至全球人才资源的共享、挖掘和甄选。基于云计算、大数据化、社交化构建的人才管理系统如下页图所示。

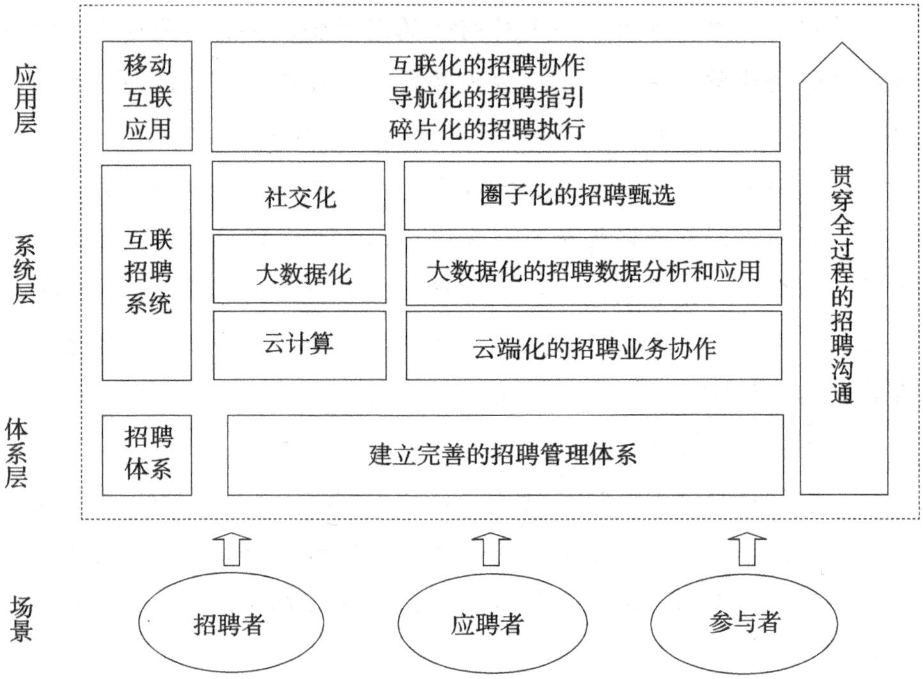

移动互联时代的人才招聘业务逻辑图

在移动互联时代，企业方和求职者依然是业务的核心主体，但还需要考虑参与者角色。参与者也许没有求职意愿，但通过他们的转发，可以让企业发布的招聘信息实现更大范围的传播，从而为企业带来更多潜在的人才。

以社交为主要特征的聚才增值，依托云计算、大数据化、社交化等技术，实际上是并从人际互联、业务互联、数据互联三个角度进行重新构建，以适应移动互联时代的管理要求：

- 人际互联：在传统的招聘组织形态中，求职者和企业基本是机械对应的关系，企业致力于寻找合适的人才，人才致力于寻找合适的工作。无论是通过网络招聘、现场招聘还是猎头招聘，企业和求职者都只是在一定范围内进行选择和判断。而要实现人际互联，需要打通企业内外部边界，通过人际关系的链条，实现招聘信息的无限传播，从而为企业带来海量的人才资源。借助社交化工具实现人际互联后，招聘管理可以整合组织内外部的资源，打破组织壁垒。比如，可以让众多参与者积极转发招聘信息，甚至可以直接推荐熟悉的人才。

● 业务互联：在传统的招聘管理模式中，业务的流转基本都是由预先设置好的流程来驱动。而移动互联时代的聚才增值，则是真正以人为中心，通过人际互联来实现业务流程的驱动，所有业务都是围绕着人来进行整合，使人真正成为管理的核心和终极目标。这种模式的招聘管理，既要将各项业务和人紧密地整合到一起，又要以人为中心，将各项业务进行有机整合，实现移动化场景下的协作应用。

● 数据互联：数据存储的云端化为数据互联提供了强大的技术支撑，这也就为移动互联下招聘管理的数据即时采集、数据集成和分析、数据互联和应用等提供了实现的基础。以社交为导向的招聘管理，不再只是事后数据采集，而是随时随地采集招聘数据，动态监控和管理，从而能更真实地掌握招聘进展情况，提高招聘甄选的效率和效果。

随着移动互联技术越来越全面和深入的应用，以社交为导向的招聘管理已经成为企业不得不面对的管理课题，社交化招聘的兴起和普及将势不可挡，不仅仅是在线招聘行业，整个互联网都在向移动互联转型，这是消费互联网向产业互联网发展的时代潮流，并将牵引企业确立管理升级变革的重要方向。

第六章　互联时代的识人选才

移动互联是社会发展的必然趋势。人才竞争在这个移动互联网发展的大背景下将会变得更加激烈。在移动互联时代，每个人都将是各类社交圈中的一员，每个企业甚至每个人的信息都可以按几何级数对外扩大传播。所以，建立基于互联网的智能招聘系统，帮助人力资源管理者海量甄选人才的同时，还能智能淘汰不适合的候选人就成为招聘管理创新的方向。

依托移动互联网带来的技术便利和大数据便利，基于社交圈搭建强大的人脉关系网，可以轻松地将传统的双向封闭式招聘转变为多向开放式匹配。通过社交圈进行识人选才，不仅可以让以前无法实现的海量甄选和精准匹配成为可能，甚至成为识人选才最基本的工作标准。

移动互联时代的识人选才，基本操作思路如图 6–1 所示。

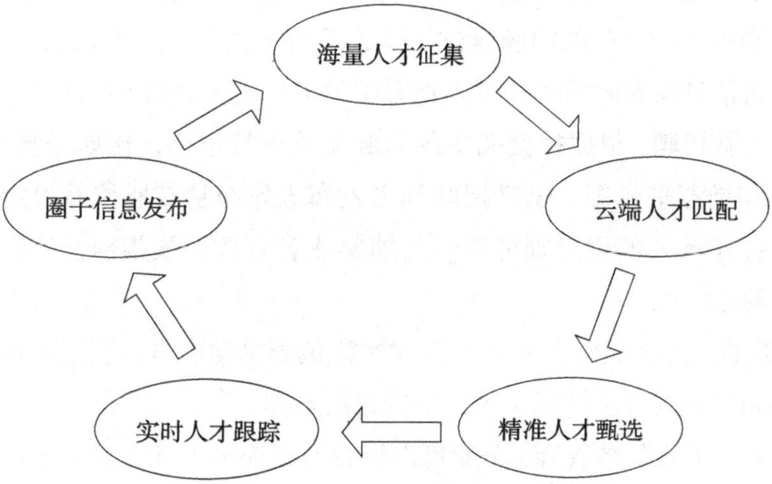

图 6–1　社交化招聘操作思路

基于社交圈的在线招聘，招聘行为将会融入更多的社交属性，社交招聘网站和 APP 应用逐渐成为招聘行业的主流工具。相较传统招聘网站海量数据的扁平化，在社交招聘平台上则能挖掘出更多层次的数据内容，比如用户基础资料数据、用户行为数据资料、用户在社交平台的互动数据资料等。用户基础数据资料和用户行为数据资料在以前的网络招聘时代为招聘业务提供了最主要的价值，而对用户社交平台交互数据的深度挖掘和掌握，并通过构建数据分析模型，整合职场人士网络行为习惯及社交网络的数据后，可以形成人才更加精准立体的用户画像，并发掘出户巨大的管理价值。如果说以前的网络招聘的数据挖掘仍处于二维世界的话，到互联网的社交化招聘，则是将整个招聘领域带入了耳目一新的三维世界。通过挖掘用户社交行为数据，企业在识人选才上的效果整整提升了一个台阶。

通过工作圈发布招聘信息后，可以征集到海量的候选人才。通过工作圈内设置的应聘条件进行自动匹配，淘汰不符合条件的人员。最后借助移动互联技术对人才进行精准甄选，聘用符合企业要求的各类人才。

基于互联网的社交化招聘，主要包含四大内容：

- 社会化发布：可以基于各类圈子发布招聘信息，或者提供一个像微招聘这样的专门的招聘管理工具，通过微招聘维护招聘职位信息，设定招聘信息发布时间，并可以查看职位信息发布后的各类统计信息。
- 人脉招聘：根据社交圈中的人脉关系进行招聘，比如悬赏招聘、企业内部推荐平台等。悬赏招聘到当发布人发布悬赏职位并设定奖励后，推荐候选人的用户则可以参与抽奖或者直接发放奖励，从而提高推荐人的积极性。
- 反向精准邀约：企业可以变守株待兔为主动出击，利用丰富的匹配条件和成熟的算法体系，进行渐进式的通知。
- 人才关系长效管理：企业可以捕捉有意愿的人才、对人才进行集中管理、对候选人进行动态追踪等。

一、基于社交圈的网络

移动互联网通过社交化技术，不仅能将熟悉的人联结起来，也能通过圈子化将不熟悉的人也联结起来，实现人际无限衍生状态的互联互通。

包括网络招聘在内的传统的招聘模，最主要的特征是发布招聘信息的渠道基本是可控的，企业通过预先选定的媒体（电视、报纸、网站、现场广告等）发布招聘信息，应聘者接收到相关招聘信息后再投递简历。传统模式下的招聘信息传递如图 6–2 所示。

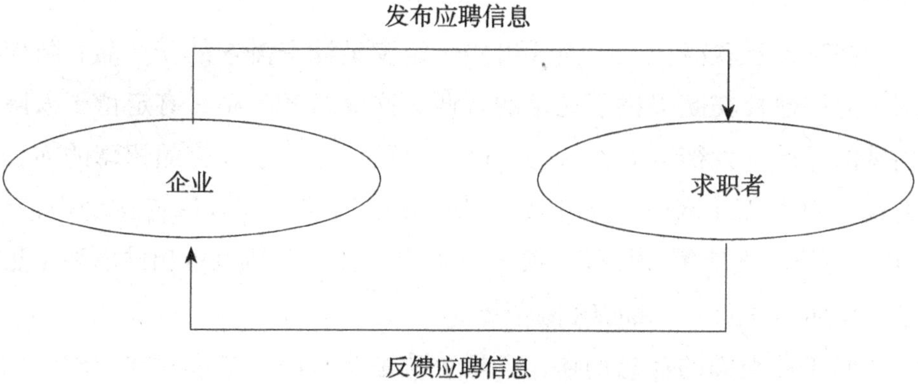

图 6–2 传统模式下的招聘信息传递途径

而移动互联时代基于社交圈发布的招聘信息，经过转发可以形成涟漪般无限扩散，企业是无法掌控传播的速度和方向的。互联模式下的招聘信息传递如图 6–3 所示。

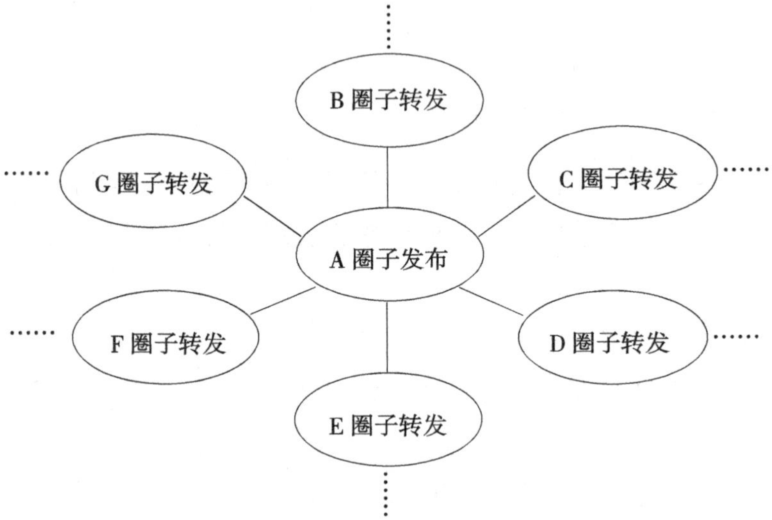

图 6-3　互联模式下的招聘信息传播途径

在移动互联时代，为涌现出的各类满足社交需求的新产品、新应用，为搭建社交圈提供了充足的方便。这些新产品中，有定位于人脉招聘的脉脉、大街网等，从传统网络招聘涉足基于社交圈招聘的前程无忧、中华英才网等，依托成熟的公众平台提供朋友圈应用的微信、QQ、易信、飞信等。另外，很多企业依托自有产品也争相推出圈子服务，比如 360 圈子、dayHR 圈子等。

基于社交圈的信息传播，实际上就是互联网营销模式在招聘领域中的典型应用。在社交圈中发布招聘信息后，由圈中成员转发到各自所在的圈子，任何圈子中的成员如果感兴趣都可以继续转发。招聘信息就像一颗投入水中的石子，通过产生的涟漪无线延伸，从而借助社交圈实现快速的人际传播，充分体现人才互联带来的高效和快捷。

二、基于互联时代的信息传播

在移动互联时代，通过互联网发布信息是最快速有效的传播途径。通过互联网发布的招聘信息，必须具有互联网基因，从文字内容到图案设计，都要具有以下特点，便于网络的快速传播：

（一）文字必须简明扼要

移动互联时代，传播的信息坚决要摒弃长篇大论。太长的文字无法让人产生阅读的欲望，更无法产生转发的动力。一般来说，对职位的描述要让人能在一分钟之内就可以看完并基本了解，知道要招聘的职位名称、职位的主要职责、职位所需要的资历和职位相关的薪资待遇等主要信息。通过快速浏览这些信息，可以迅速判断该职位主要面向哪些群体，从而可以迅速找到适合转发的社交圈或者符合条件的个人。

（二）招聘文案轻松活泼

在传统的招聘文案中，文字内容基本都是按固定的格式和规范进行撰写。这类文字在网络上很难产生转发的欲望，即使转发出去，也很难让人产生阅读的兴趣，实际的招聘效果就会大打折扣。

好的招聘文案，可以借助流行语进行调侃，或者精准抓住特定人群的内心。这类广告语要么轻松活泼，要么让人会心一笑。只有产生共鸣的文字，才会让别人愿意转发。笔者搜集到几则极富创意的广告语，供读者欣赏。

图 6–4 是某职业规划网站的公交户外广告，精准抓取那些对前途丧失信心的人群，设计的招聘广告语是："别跳，到我们网站来看看，说不定就是转机。"

图 6–4　某公司招聘文案效果图

“不需要爸是李刚家在武钢，也不一定五道杠；无所谓介于牛 A 或牛 C 之间，也无须各种帝，只要您对电商（业内人士对电子商务的简称）的向往力像追星那般热情，执行力像辽宁城管扫街那般雷厉，敏锐度像发改委调油价那般精细，那就来吧！求各类互联网、时尚设计人员。”这条招聘广告借用网络流行语，读来让人兴趣盎然，转发的可能性自然大幅提高。

“你忍心蜗居在不到 10 平方米的小屋里吗？你忍心看着自己的女友和你奋斗一辈子还供不起一套房吗？你忍心看着你父母缩衣节食把仅有的一点养老金帮你还房贷吗？这里才是实现你梦想的地方！！！”这条广告语紧紧抓住屌丝买不起房的痛点，切合目前房价高企的现实，很容易让人产生共鸣。

“加入我们，待遇从优，装备齐全，食宿全免，一条大裤衩，一双人字拖，一把 AK47，800 美元底薪 + 提成，全天移动式海景套房，多劳多得，只要大干一票，在大都市买楼不再是梦想，干两票，跻身上层社会，直接与范冰冰、章子怡等大牌对话不再是距离。别再犹豫了，给你一片海域，换你一生奇迹！非诚勿扰！”这条广告语抓住粉丝心理，让他们幻想接受这份工作，就有可能与明星接触。

“寻人！！！寻志同道合之人、寻竭忠尽智之人、寻深思远虑之人、寻勤恳至诚之人。”这条广告语通过排比句，阐释公司的用人理念，读起来铿锵有力。

“生命的意义，永恒的话题，一百人会有一百个答案。一天中午，听到水木年华的歌曲——当这个世界越来越冷漠，就让我们相互关怀，就让我们彼此关爱，在这个世界上彼此温暖，这就是存在的意义；爱你的家人，爱你的朋友，用心去爱你的爱人，爱这个世界所有人们，这就是生命的意义！……生命的意义平凡而简单，因有爱而有意义；因为爱，我们会去帮助一些人，但有时会发现，过后我们得到的反而是抱怨；请问，在这种情况下，你认为可能会是哪些方面出了问题？接下去你会如何处理？”这是一条充满文艺范的广告语，读起来像欣赏一篇优美的散文。

“亲啊！！！需要一个漂亮的小姑娘做店长有木有啊！！！为什么底薪1800+提成也没有人来关注啊！！！一年还发四套制服啊！！！还有透透的，透透的丝袜啊！！！都快开张了还是没有找到店长啊！！！！只要你大专以上学历，外加微笑迷人啊！！！希望你是本地户口，家乡话听起来很亲切啊！！！还要我来贴招聘启事啊！！！这样的老板你们伤不起啊！！！小妞们赶紧给我电话吧！！！”这条广告语充满互联网元素，亲、有木有、伤不起等都是网络流行的热词，让人读起来感到十分亲切和好玩。

上面这些充满创意的广告，并没有给出招聘职位的具体信息，但可以吊足应聘者胃口。感兴趣的潜在人才自然会按图索骥，根据相关指示信息进一步了解职位的详细情况，甚至直接到公司咨询。

（三）制造吸引眼球的亮点

在社交圈里发布的招聘信息，如果具有吸引眼球的亮点，让人感觉得新鲜或者刺激，往往更容易获得较高的关注度，并激发浏览者转发的兴趣。展示的亮点必须和招聘业务相关，不能故意制造噱头或者发布虚假的信息，否则不仅无法吸引更多的人关注，甚至还可能对公司形象造成损害。

比如深圳市某互联网公司在微信社交圈发布的招聘信息，该公司设计创新的福利机制，凡是公司的正式员工，每个月都可以领取100元独生子女补贴，而且一直发放到子女满18岁。另外，考虑到现在员工回家次数少，公司还按季度给员工父母发放孝亲补贴。将独自生子女补贴和孝亲补贴作为亮点进行展示，并配上生动活泼的插图，使该条招聘信息获得可观的转发量，并吸引了一大批潜在人才前来咨询。该公司招聘宣传如图6-5育儿补贴及图6-6孝亲补贴所示。

图 6–5　某公司育儿补贴的招聘宣传图

图 6–6　某公司孝亲补贴的招聘宣传图

（四）招聘图案要生动有趣

这是一个拼“颜值”的时代。基于社交化的招聘信息传播要想获得大量的转发，必须有足够的“颜值”，也就是配上生动有趣的插图。一个好玩的插图，比一堆文字更让人感兴趣。

招聘图案可以找专业的界面设计工程师制作，也可以借助专业的工具或平台自动生成。比如微信平台就可以自行制作 FLASH 动画。

三、基于社交圈的人才匹配

移动互联时代基于社交圈的聚才增值，虽然可以基于人际关联实现无限传播，但为了提高招聘的高效，需要对社交平台进行筛选，以便能更快速地找到合适人才。

（一）选择合适的社交平台

国外最容易和直观的社交平台是LinkedIn，Twitter和Facebook，国内是微博、微信、QQ等公众平台，以及大量聚焦于移动招聘专业APP。但是，对于一些特殊的职位而言，选择一些有代表性的社交平台是很有必要的，如国外的Behance适合创意设计人群，Xing适合欧洲大陆的用户，Github适合科技人群，SocialBeta适合社会化营销的从业者。国内的微信、QQ等公众平台适合90后新潮人群，专业招聘APP适合70后80后人群等。另外，现在微信、QQ等可以依据不同维度建立各种各样的关系圈，比如依据职业分类的圈子或者群。要招聘安卓系统开发工程师，如果能在相关的圈子或者群中发布招聘信息，受众基本都是从事安卓系统开发的人员，信息传播的目标就能更加明确，效果自然也更加明显。

个人社交网络可以关注和潜在人才有联系的人，将他们进行筛选，找出最有价值的人才，然后进一步关注他们的人脉，曾经工作过的地方，他们推荐的人。最合适的人很有可能就在这些人推荐或者有社交关联的人群中。

任何职场人员，都会有自己和职业相关的社交圈，比如人力资源社交圈、新闻记者社交圈等。通过浏览他们的社交圈，往往能更快速有效地找到该领域的相关人才，从而能更精确地找到潜在目标。

（二）设置云端招聘标准

将招聘甄选标准上传到云端，可以在任职资格方面对人才和职位进行初步匹配，从而对通过社交圈征集到的海量人才信息进行初步筛选，有效减少企业人才筛选范围，提高招聘甄选效率。

提供社交化招聘服务的网站或APP应用，都可以在云端部署人才和职位的匹配系统。企业和人才均可以通过账号登录，在云端进行标准设置或搜索浏览。

（三）部署云端测评系统

将素质测评工具上传到云端，可以在能力、性格、态度、价值观等方面对人才进行素质测评，筛选更加符合企业文化以及职位要求的合适人才。同时，人才也可以通过云端的素质测评系统，对自己有个更加全面、清醒的认识，知道自身具备的优势和存在的劣势，以及哪些工作更加适合自己的职业发展，从而在寻找工作机会时能更好地筛选海量招聘信息，更快地寻找到合适的工作。

四、基于社交圈的品牌宣传

现在的互联网思维就是口碑为王，如果说招聘文案是在线招聘的，那么通过社会化媒体建立雇主品牌的良好口碑就会成为网络传播的加速器。

在过去，企业要想做品牌营销，需要花费巨大的代价在广告费和营销费上，而且基本只属于市场部门的职能，人力资源部门在雇主品牌宣传上能做出的贡献很少，对于大部分企业的人力资源部门而言，基本就是付出比较昂贵的代价在招聘网站上打广告，一个豆腐块一样的广告位每年都要花费企业一笔不菲的开支。企业虽然付出了昂贵的代价，宣传效果却往往并不尽如人意，而且这种传播方式非常被动，求职者能否看到广告、广告能覆盖到哪些潜在人才群等，企业都无法掌控。

在移动互联时代，招聘部门甚至可以承担起以前市场部的职能，同样肩负着公司口碑宣传的任务。相对于传统模式“付费展示”的粗放式信息散播，通过社交化技术在圈子中传播企业口碑，往往可以更快速更有效。首先选择的对象渠道可以是潜在人才聚集的圈子，使广告的针对性更加明确；其次，社交网站的强传播性，以及通过圈子中成员的无限转发，可以让广告效应实现没有边界的延伸，广告效果可以成倍递增。

在社交圈中拥有良好的企业口碑，尤其拥有大量"粉丝"的企业用户，自然可以获得更多的关注，吸引到潜在人才的可能性也会大幅增加。

五、基于社交圈的招聘沟通

社交化是依托互联网技术和社交化网络工具，建立个人之间的关系网络，包括外部社会化和内部社会化。外部社交化主要面向和工作相关的用户，建立包含用户在内的企业社交网络，内部社交化主要是面向组织内部的所有员工，建立企业内部的社交网络。在建立社交化的招聘管理体系时，不仅要关注和用户的互动，从用户角度采集企业需要的反馈和评价信息，还要在内部形成良好的招聘沟通和共享机制。

（一）外部社交化沟通

外部社交化可以通过圈子、论坛、微博、微信、QQ 等社交化网络工具，将用户或者其他关注的外部对象纳入企业的社交体系，甚至参与企业的运营。外部社交化可以通过用户的参与，采集用户的反馈信息，并对内部员工进行招聘评估。小米实行的用户反馈驱动的评价机制，就是完全基于外部社交化理念来构建。外部社交化不仅关注招聘评估的应用，更重要的是促进企业所有员工和用户深入、全面地沟通，及时了解用户的想法，解决用户的实际困难，通过用户的反馈改进产品功能、增强员工能力、提升个人招聘。

外部社交化招聘最典型的例子莫过于微信招聘，微信的新媒体属性、受众覆盖广度、移动端应用特征等促成它成为移动互联时代社交化招聘的集大成者，也成为招聘沟通的利器。比如微信本身的产品定位使其天然地成为招聘沟通利器；微信的视频聊天功能可以很方便地接驳视频面试；微信中各种各样的群，以及每天都有海量更新和海量访问的朋友圈，都是投放招聘广告的绝佳阵地。

（二）内部社交化沟通

内部社交化主要借助圈子、论坛等自有工具来构建，有时也可以采用外部工具，从而形成企业内部完善的社交网络，便于员工进行招聘沟通。谷歌内部的招聘公示，就是内部社交化在招聘管理中的典型应用。员工通过内部社交化工具，可以即时了解其他员工的工作进展。对于和自己的业务相关联的员工，其业绩完成情况将直接影响自己的工作进度，或者自己的工作进度将影响对方的业绩结果，这就需要员工随时通过沟通了解别人的工作进展，并将自己的工作进展及时传递给别人。

本章小结

移动互联时代，人和人之间的关联变得更加容易和紧密。正是注意到这一迅猛发展的事实，本书将聚才增值的主题定义为互联时代的社交化招聘。

本章重点介绍社交化招聘所涉及的主要内容，比如招聘信息发布和传播、人才和职位的匹配、企业形象传播和宣传、招聘沟通和交流等。

人才的社会性和移动互联相结合，将会形成人际互联的网络生态。本章的核心主旨，就是基于这一网络生态，探讨人才招聘的创新之道。

第七章　互联时代的聚才增值

移动时代的精准招聘，既要保证能收集到海量的人才信息，同时还要提供适合移动互联时聚才增值的体系和平台。

在移动互联和全球化时代，人才比以往任何时代更有流动性、更加虚拟、更加多样化、更加稀缺、更加关注体验。基于这一变化，聚才增值也需要因应移动互联时代的发展，从全新的视角出发进行创新和发展。

移动互联时代的聚才增值，需要打造四大核心能力：

• 搜索能力：人才永远是稀缺的。如何去招聘到最适合本岗位的人才，除了被动的发布职位，收取简历之外，我们必须具备主动的搜索能力。互联网时代，人才一半以上是属于被动型人才，需要我们去主动挖掘。需要我们不断地通过设置关键词去搜索简历，或者定向挖掘，甚至以猎聘的工作方式去找到潜在候选人的简历或联系方式。简单总结起来，其实就是互联网时代下的招聘，不再仅仅靠通过优化招聘需求而收取更高质量的简历，同时要求我们不断变换思维，用猎聘的思维方式去获取候选人的简历，往往这样的简历更有质量，更有针对性。

• 渠道能力：近几年，招聘渠道越来越多，除了传统的现场招聘、猎头招聘，以及基于网络服务的各类专业招聘网站（如前程无忧、中华英才网、卓博人才网、中国人才热线等），还兴起了大量独具特色的新一代招聘渠道，比如致力互联网垂直招聘的拉钩、内推、周伯通等；职位细分方面，在 UI 领域精细耕耘的花瓣、UI 中国、图翼网等；提供社交论坛服务的 LinkedIn、Boss 直聘、大街网、天际等；提供职位竞拍服务的 jobdeer，实力拍等；提供招聘第三方平台的招聘宝、枇杷派、逸橙等。招聘渠道纷繁复杂，就需要人力资源管理者具备渠道搜寻和辨别能力，能结合具体的招聘职位，选择最合适的招聘渠道。

- 沟通能力：以前我们理解的沟通，大都局限于语言交流，但在移动互联时代，沟通不仅仅体现在文字交流上，还更多体现在网络互动上。比如互相关注、博文点赞、话题探讨等，尽量和潜在的人才建立良好的关系。另外，沟通的主要目的，是要让潜在人才对公司提供的职位感兴趣。有效的沟通，是基于事实的基础进行适当的语言组织，让潜在人才持续保持兴趣，而对于公司不足的地方要巧妙地加以修饰，并真诚、积极地解答潜在人才有关工作、生活等方面的各种疑问。
- 抗压能力：招聘有时是一个漫长的过程，越是稀缺性人才，招聘难度也会越大，所以，招聘过程有时候也是一件很折磨人的事。特别是电话预约面试人家没兴趣、预约面试结果被放鸽子、用人部门选人过程中的各种挑剔、薪资预期满足不了潜在人才、发出 offer 却爽约等。因为这些各种不如意，招聘业务的管理者可能还会承受来自上级、用人部门、自己内心的各种压力。

移动互联时代的精准招聘，就是基于上述压力分析，致力从云计算、大数据、社交化出发，如何建构一套更先进的招聘管理系统，帮助企业找到合适的人才，帮助人才找到合适的工作。互联模式下基于云计算、大数据、社交化的聚才增值模式如图 7-1 所示。

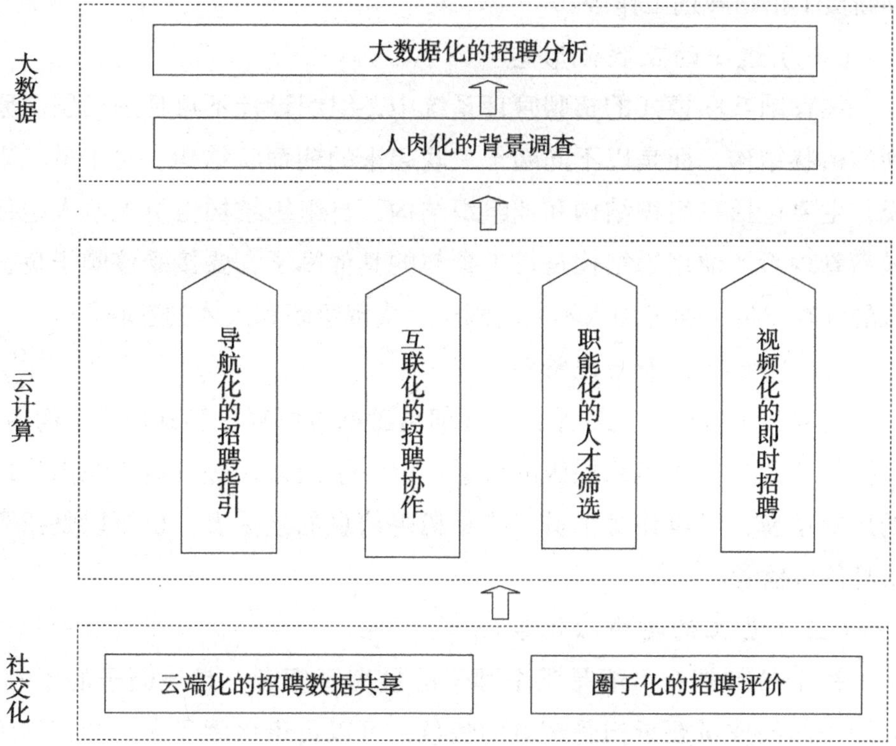

图 7-1　联模式的聚才增值

一、多象限化的组织生态

移动互联网时代，组织设计将发生颠覆性的改变，从关注组织层级和组织流程转为关注每一个以自媒体形态生存的员工。所谓多象限化的组织生态，实际上就是组织的去中心化，打破原来以管理者为中心的组织设计和流程设计，让每个员工都可以成为主体和核心。同时，传统的组织设计，对于员工来说是“他组织”，员工只需要考虑如何更好地适应，无法对设定的组织结构进行调整，而互联模式下的组织设计，对于员工来说是“自组织”，每个员工都是自己的老板，需要自主进行创新和管理。

在多象限化的组织生态中，每个员工都是一个关键的信息源，可以自主发布招聘信息（编制需公司审核批准），甚至可以在自组织中启动新员工招聘甄选工作等。

（一）组织的互联化形态

在移动互联模式的招聘管理系统中，组织设计不再是遵循层级原则的树状结构，而是以不同圈子关联起来的葡萄状结构。对于员工来说，主要包括自组织结构和他组织结构，自组织结构由员工本人担任最高管理者，他组织结构是员工参与的其他圈子，要接受该圈子负责人的管理。员工通过加入不同的圈子，实现组织和人才的互联。

（二）组织的平面化特征

所有员工都处于同一平面，任何员工都可以轻松和其他员工沟通，而不需要通过任何组织层级的传递。组织平面化彻底打通组织内沟通的层级壁垒，可以让每个员工既是招聘信息的接受者，也可以是招聘信息的传播者。

（三）员工的去中心化设计

每个员工都有可能是某个圈子的最高管理者，是该圈子的中心，对圈子内的成员要承担管理者的角色，可以负责该圈子人员的招聘甄选。这种员工中心化的组织生态建设，可以让员工真正实现“当家做主”，为企业实现人才经营提供坚实的组织保障。

多象限化的组织生态，对招聘甄选工作带来全新的挑战。移动互联时代的招聘甄选管理，需要遵循多象限化的组织生态重新设计，满足以员工为中心的移动互联模式应用。

二、导航化的招聘指引

传统招聘管理信息化由于技术的限制，很难实现产品操作的自动导航，一般通过系统帮助手册、系统实施培训、产品视频演示等方式，帮助用户了解招聘系统的功能设置、业务规则、系统和数据接口、操作方法等。如果系统构建繁杂，并且和人力资源管理其他模块，甚至财务管理、业务管理之间存在较多的业务关联，用户往往很难在短时间内熟练掌握招聘管理系统的操作。

传统模式的招聘管理系统，都是按招聘管理体系的业务流程和业务逻辑进行功能分解，通过菜单来引导用户的使用步骤，其操作流程都是由管理员在后台设置，用户在操作界面是无法看到的，所以很难提供自动化的操作导航，用户需要根据菜单设置逐步操作。在这种体系设计中，用户为了完成一项业务，可能需要点击好几个菜单节点，而且还要在不同操作界面进行手工切换。

传统模式的招聘系统操作指引，往往需要花费大量的人工，招聘管理软件提供商要安排专业实施人员进行多轮次培训，用户也需要花费大量时间受训和熟悉系统。这种操作指引需要依靠外部的资源支持，尤其对于电脑操作水平比较低的用户，自主操作会比较困难，需要一定时间的熟悉期。

移动互联模式的招聘业务导航设计，可以通过智能化的操作导航、自主化的系统学习、简洁化的功能操作、图形化的流程选择，帮助用户快速熟悉系统，而且基本不需要任何培训就可以完成招聘操作。移动互联模式的招聘业务导航化设计，基本需要具备以下几项要素：

（一）智能化的招聘导航

招聘管理模式也需要遵循招聘管理的业务规则，从业务开始的功能节点自动导航到业务结束的功能节点，智能化引导用户进行每一步操作，用户无须通过查看菜单选择下一步的业务走向。

（二）自主化的业务学习

招聘管理系统根据招聘业务逻辑和业务规则，对操作的流程进行的自动设计，员工可以通过点击下一步，自主熟悉招聘系统每项业务的操作。同时，在每个最关键的核心节点，招聘系统还可以通过智库提供指导。用户通过智能导航和智库的自主学习，不仅能了解招聘系统的功能设置，还能熟悉招聘业务的操作规范，对于职业生涯规划选择人力资源管理方向的用户，也是一个熟悉招聘管理业务的实践培训。

（三）简洁化的招聘操作

招聘管理模式要求每项招聘业务的操作步骤都力求简化，一般通过3个以内的步骤就能完成该项业务。操作步骤越简洁化，用户在操作上花费的时间会越短，用户体验自然也就得到极大提升。

（四）可视化的招聘流程

在移动互联模式的招聘管理系统中，求职者可以通过随时了解招聘流程的进展情况，比如求职者投出简历后，可以自行查阅有哪些企业关注了自己的简历。如果求职者已经进行了初次面试，可以查看自己是被淘汰还是进入下一轮面试。如果是企业负责招聘业务管理的用户，则可以通过流程可视化，随时掌控应聘人员处于哪个环节，便于跟踪和监控。

三、互联化的招聘协作

招聘执行主要包括招聘需求分析、招聘计划制订、招聘面试管理、招聘过程监控、招聘甄选沟通、招聘数据分析、招聘效果评估等环节。在传统模式下的招聘信息系统中，由于产品、技术和条件的制约，用户只能在工作时间，通过PC端访问系统执行招聘操作，即使提供saas模式服务，也只能解决通过家用PC端实现远程办公的需要，在移动环境下则无法实现。

移动互联化的技术发展，为移动办公提供了技术支撑和现实可能，而基于这一技术的招聘管理系统，能让招聘执行的所有环节都移动互联化，用户可以在任何时间、任何地点处理与招聘管理业务相关的任何事情，从而让招聘管理模式彻底摆脱时间和空间的束缚，实现管理价值的最大化。

（一）移动化的招聘协作

在招聘管理模式中，不管是静态的环境，还是动态的环境，只要有网络支持的地方，用户都可以随时访问并进行招聘操作。比如处于休假期间的员工，可以进入招聘系统发布招聘信息，可以随时查看招聘进度，可以对招聘效果进行评价等。

（二）碎片化的招聘应用

碎片化的应用要求每次招聘执行的时间很短，同时每项招聘任务的执行都是随机的，用户可以在任何可能的时间里启动功能操作。积极利用碎片化时间，可以极大地解放人力资源管理者或者求职者的招聘面试环境，上下班路上、度假、下午茶时间、上洗手间、机场候机更甚是晚上入睡前的玩手机时段都可以查看招聘广告以及相关信息。招聘管理模式要求每项招聘任务的关键步骤尽量不超过3个，就是为了便于用户利用碎片化时间完成操作。如果操作步骤太繁杂，如果花费的时间需要几十分钟甚至几小时，用户是不可能利用碎片化时间来完成的，必须安排专门的时间来处理，这就影响了招聘执行的及时性和招聘数据的实时性。

（三）互动化的招聘执行

在招聘管理模式中，可以在招聘需求采集、招聘计划制订、招聘面试管理、招聘效果评估等所有的招聘执行阶段提供互动功能，实现不同角色之间的及时沟通和交流。比如在招聘面试阶段，面试者可以将面试评价及相关信息即时输入并上传到云端，其他有业务关联的管理者，甚至在需要的情况下面试者都可以随时查看信息，并反馈自己的意见。招聘管理模式中的互动化执行，既可以通过系统的功能设计实现招聘操作的互动，也可以通过社交化工具实现人际互动。招聘管理模式由于具有良好互动机制，可以大幅减少招聘甄选的时间，提升面试效率。

（四）实时化的招聘监控

在招聘管理模式中，由于所有的招聘数据都会及时更新并上传到云端，有业务关联的管理者随时随地都可以对招聘进展状况进行监控，及时发现招聘中需要关注的内容，通过分析具体原因后提供管理建议。另外，面试者也可以随时了解招聘进程，以便调整自己的应聘计划。

四、智能化的人才筛选

移动互联时代基于社交圈聚才增值，往往会带来庞大的人才信息，如何在这些海量数据中寻找到合适的人才，成为人力资源管理者最迫切的问题。

（一）条件化的人才筛选

在招聘管理系统中，可以设置人才需要符合的初步条件，比如性别、年龄、专业、工作经验等，也可以根据职位特性设置关键字。只有符合这些条件的人才数据才能进入到系统或推送给指定用户，从而大幅减少简历的筛选范围（见图 7-2）。

图 7-2 企业人才搜索界面功能示意图

对于求职者来说，则可以通过条件筛选，可以精准查找符合自己要求的公司，比如公司所属行业、公司规模、工作地点、职位列别、薪资待遇等（见图 7–3）。

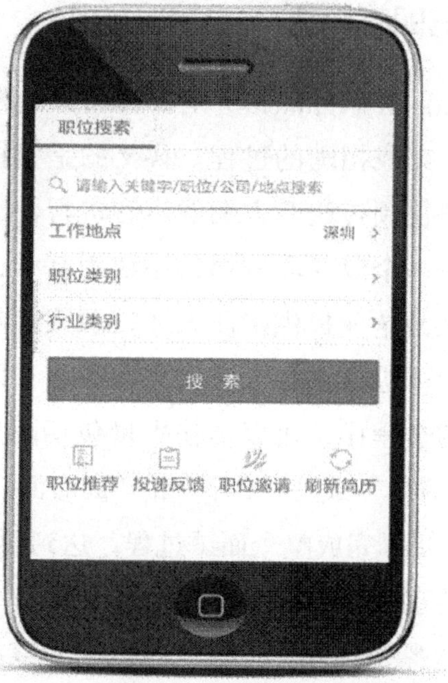

图 7–3　求职者工作搜索功能示意图

（二）测评化的人才筛选

基于移动互联的素质测评，由于条件限制，基本不太可能采用评价中心技术、行为观察评定等方法，而是主要通过量表对求职者的品德、智力、技能、知识、经验等进行评价，如智力测验、气质测定、品德测验等。素质测评是员工与职位达到最佳匹配的桥梁，是企业人力资源科学配置和优化组合的有效工具，是开创企业人力资源管理新局面的有效手段，同时也是对海量人才进行筛选的有效方法。

素质测评一般采用比较成熟的量表，对求职者的知识、技能、自我概念、特质、动机等进行测试后，可通过内设的常模直接生成结果，提供给企业方作为识人选才的参考，求职者也可以下载并查阅测试报告，对自己有更清醒全面的认识，并制订改善和提升计划。

笔者建议素质测评出来的结果，只能作为初步判断的依据，还需要结合现场面试直接沟通进行深入观察和分析。

五、视频化的即时招聘

视频招聘（VideoRecruitment）是一种新兴的招聘方法，就是透过远程网络的视频来完成招聘的过程。狭义的是指招聘企业或组织直接与应聘者透过远程视频传送双方图像声音进行沟通面试的过程。移动视频招聘系统就是一个以互联网通信系统为基础，利用多媒体技术和远程视频传输技术为企业提供优质人才资源服务的应用服务，求职招聘双方在此系统中可进行人与人、面对面的语音即时交流及影像的在线审视。视频招聘过程中，可以传输大量包括图片、声音、文字等数据，可以实现"一对单"或"一对多"的"面对面"多媒体交流。所以，视频招聘短时间内便可完成整个面试过程，达到预定的招聘效果。

视频招聘的特点在于其快速了解对方，而且节约求职者成本，节约招聘成本，透过视频双方会更容易达成求职或招聘的成效，通过视频招聘的方式更加节约求职者长途往返不同城市间的时间及费用。

跨地域的招聘工作，通过视频，可以节省大量的差旅费用。传统的招聘是求职者到达用人单位与用人单位进行面对面沟通，而视频招聘可以直接与远方的求职者进行面对面沟通，不会因为遥远而放弃面试的情况。

由于视频招聘可即时将个人图像及声音传送招聘单位，通过视频面谈，招聘单位对求职者会有更深刻的认识，而且对求职者的了解会进一步加深，视频面试做到了即时了解对方的优点，因此在做出录用决定时会更快，也就提高了求职成功的效率。

越来越多的用人单位和高校毕业生及求职者不愿长途跋涉参加各类招聘会，而视频招聘通过在视频洽谈就可以双方达成意向，可以节约求职及招聘的成本。

视频招聘可以轻易地延伸到世界的每一个角落。无论求职者在哪个地方或哪个国家通过视频就可以快速双方进行沟通。视频招聘是一个跨时空的互动过程，对供求双方而言都是主动行为。这种积极的互动，减少了在招聘过程中的盲目行为。

引入视频技术，通过相关软件搭建的招聘方和求职者实现网上可视交流的大型人才中介服务平台，这种方式能将人才交流过程中的每一环节通过网络数字化方式有机链接，招聘者和求职者无论身在何地，都只需打开电脑或手机，进入视频招聘窗口，就可以互相面对面交流。这种新型的招聘模式省时、省力、省钱，可极大方便用人单位和求职者。

移动时代的视频招聘，进一步提升了人才市场的服务品质与品牌形象，增进招聘、求职双方的交流了解，提高客户满意度，为客户提供全天候不间断的视频服务，构建永不落幕的招聘会，从而实现人才交流成本全面有效降低。

作为求职者，要想通过视频面试获得满意的效果，在视频开始前要仔细检查设备，保证摄像头、耳麦等正常运行。在视频时，着装要尽量做到干净整洁，给面试官一个良好的印象。由于视频招聘更多的是通过语音聊天来展示自己，因此要特别注意谈吐。视频过程中有可能出现没有听清的情况或者视频突然断掉，要非常有礼貌地解释清楚。虽然在视频面试过程中不像传统面试整个人在面试官的注意之下，但是面试官仍然有可能通过求职者的一颦一笑、一举一动来判断素质。在视频面试过程中，要注意口齿清晰，思维有条理，眼睛保持直视对方。

当然，由于技术限制及业务的复杂性，视频面试虽然可以直观地看到应聘者的长相、谈吐等表面印象，但很难对其能力有个准确的判断，还需要借助其他管理工具的帮助，比如素质测评、背景调查、面试等。另外，视频面试最适合对那些有外表要求的职位，比如空乘人员、前台文员、销售人员等。

五、人肉化的背景调查

背景调查主要是对求职者履历材料和面试中提供的信息进行验证性调查，包含学历、工作经历、主要业绩、职业道德等。就学历调查而言，目前深圳等城市已提供学历验证服务，为招聘企业证明求职者学历的真实性。但背景调查要注意事先征得应聘人的同意，并用合法手段获取资料。调查的资料要尽可能具体，防止主观臆断。

通过员工背景调查，对候选人的简历内容进行真实的了解和证实，为人力资源的录用提供参考，同时确信被录用的人员在技能、诚信程度、职业操守等当面符合公司的岗位要求，了解该员工性格和现在的同事是否相匹配，以便确认员工和公司文化、招聘职位的匹配度，为是否最终录用做出正确的决定。

在移动互联时代，只要员工融入网络社会，都会在网络上留下大量的数据，其中包含着他的生活轨迹、社交言行等个人信息。即使员工本人不上网，其信息也可能被其他人或机构上传到云端，这就为人肉化的背景调查提供了基础和可能。人肉化背景调查就是依靠对这些数据的分析，从个人的网上行为中剥离出他的兴趣图谱、性格画像、能力评估等。

所谓人肉化搜索，实际上就是基于大数据提供的信息搜索服务。这些信息可以是静止的，也可以是动态的；可以是数据性的，也可以是行为性的。比如美国某数据分析公司提供了一个人才画像新算法，它分析某个人才时要处理三百来个主要变量，比如常逛的网站、描述各种技术时使用的语言类型、积极还是消极、在 LinkedIn 上的技能自述、参与过哪些项目，都干了多长时间、在哪里上的学、学的什么专业、这所学校当年在《美国新闻与世界报道》上排名是多少等。通过这些丰富的数据可以勾勒出求职者更加立体化的画像，让雇主与用户更加精准匹配。

人肉化搜索员工信息，必须注意法律的边界，不能以违法的手段获取信息，恶意侵犯员工的隐私。

六、云端化的招聘数据共享

在传统模式下，招聘数据的管理的重点是数据采集、数据统计、基于报表的数据分析和数据应用等，无法对招聘执行中的过程数据和行为数据进行采集和分析。

数据采集：由于传统模式的管理系统都有各自的数据库，要从财务管理、业务管理、考勤管理等其他系统中采集招聘数据，往往需要通过专门的导入工具来实现。有些企业管理软件虽然实现了架构上的统一部署，但由于不同系统之间的独立性，也很难做到全方位、实时性的数据采集，只有通过关键字段的匹配来实现后台导入。

数据统计：传统模式下的招聘信息系统，只能对已经形成的静态数据进行统计，比如招聘目标值的完成情况统计、招聘结果的统计分析等。

数据分析：传统模式下的招聘信息系统，主要是基于静态数据统计的招聘报表进行分析评估，比如根据招聘目标完成情况的统计报表，分析评估各类稀缺职位的招聘完成情况；根据招聘结果的统计，寻找背后的管理内涵，并提出针对性的管理建议。

数据应用：传统模式下的招聘数据分析结果，主要是提供给企业管理者作为制定公司战略规划的参考依据，或者提供给部门管理者作为制订员工招聘改进计划、提升员工能力等的参考资料。

而在招聘管理模式中的数据应用，主要是借助云计算、社交化等先进技术，实现招聘数据实时采集、招聘数据海量分析、招聘数据价值共享等，它们之间的对应关系如图 7–4 所示。

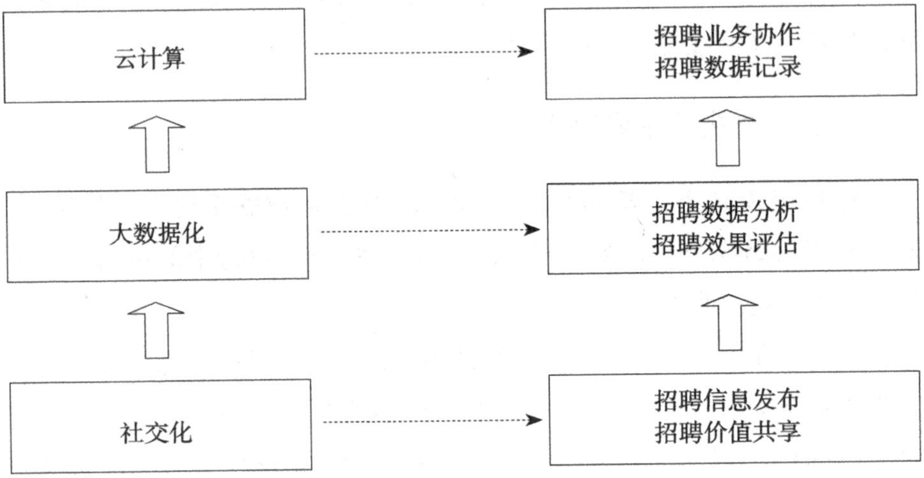

图 7–4　招聘管理模式中的数据管理

云计算通过硬件资源的虚拟化，将用户需要处理的招聘业务分布在由云服务商提供的云平台上，使各种应用系统能够根据需要获取计算力、存储空间和信息服务。在云平台上部署的应用系统，可以轻松实现数据互联和业务互联，为招聘数据的采集和应用提供强大的技术支撑。社交化则是将圈子、论坛、微博、微信、QQ 等各种社交工具引入到企业管理中，实现企业内部员工之间高效、透明、便捷的沟通，以满足移动互联时代需要高度协作的管理诉求，实现招聘信息发布和快速传播、招聘数据的价值传递和共享等。

招聘管理模式中的招聘数据都是保存在云端，讲究数据的实时性、开放性和准确性。

（一）实时化的数据采集

移动互联技术在管理领域的重大突破，就是打破了时间和地域界限。招聘管理模式可以实现实时采集招聘数据，保证招聘数据的及时性和准确性。比如在招聘需求采集的过程中，业务部门可以实时提供人才需求信息，人力资源部门通过实时浏览，可以快速响应业务部门的需求。

（二）云端化的数据存储

移动互联时代的招聘管理模式由于完全基于云计算进行产品设计和部署，招聘数据可以通过移动终端随时随地上传并保存在云端运算架构中的存储空间，并提供遵循招聘规则的全套业务操作。

（三）数据化的管理行为

在招聘管理模式中，不仅可以记录结果数据，还能记录过程数据，这些过程数据随着用户的操作不断累积成海量级别。通过过程数据的采集和统计，可以对招聘行为进行动态分析。比如，通过求职者的访问频率，可以判断其是否有跳槽倾向，同时，通过浏览内容的统计分析，可以更进一步判断其最感兴趣的职位或职业方向。

（四）开放化的招聘共享

招聘数据的利用率越高，越能体现其价值。在互联模式的招聘管理模式中，招聘数据由于存储在云端，技术上不仅可以让其他管理系统可以自由调用，也可以让人力资源工作者、管理者、团队成员、外部参与者等自由查询和浏览。企业如果要考虑招聘数据的安全性，也可以通过授权机制，设定允许访问的用户范围，或者允许访问的数据范围。一般来说，招聘管理模式倡导招聘数据的开放化共享，不同的使用者都可以通过共享的招聘数据来挖掘管理价值。

七、社交化的招聘评价

在传统模式的招聘管理系统中，严格说并没有社交化的概念定义和功能设计，所以社交化招聘评估主要是互联模式下招聘信息系统的独有功能。

所谓社交化，用一句话定义就是由具有某种共同特性的人群，通过互联网技术及社交化工具聚合到一起，这些特性可以是共同的兴趣和爱好，可以是共同的理念和价值，可以是共同的组织属性，可以是共同的利益诉求等。比如将使用 dayHR 云产品服务的用户聚合到一起，就形成用户圈；将曾经在用友公司工作过的人员汇聚到一起，就成了“曾经用友人”关系圈。

在移动互联模式的招聘管理系统中，凡是招聘工作需要涉及的圈子，理论上都可以对招聘进行评价，但最主要的评价还是来自工作圈。

（一）社交化的招聘方案

在社交化招聘评估设计中，可以根据员工角色和不同的圈子关联，并通过关联的圈子进行招聘评估。比如负责招聘的人员，可能同时存在多个工作圈，并在不同的工作圈中都需要承担招聘管理工作，社交化的招聘评价方案，需要将其和多个有业务关联的工作圈衔接起来并进行评价。

（二）社交化的招聘评价

移动互联模式的招聘管理系统可以将招聘评价方案推送到对应的圈子，并由圈子里的成员进行评价。比如业务方面招聘响应速度、招聘广告投放效果、招聘成功率等的评价。同时，社交化的评价也支持求职者对招聘者以及面试官的评价。在招聘评价过程中，参与各方都可以通过圈子进行沟通和交流。

在社交化招聘评估模型设计中，考察指标要充满圈子及网络特色。比如招聘广告的投放效果是个很空洞的概念，但在圈子化招聘评估模型设计中，可以具体化为招聘广告的浏览次数、转发次数、用户点赞的百分比等。另外，社交化招聘评估模型要充分考虑圈子成员的特性，尽量选择圈子成员最容易或者最愿意参与的方式。这一点，尤其是希望获得外部参与者的评价数据时尤其重要。因为外部参与者并非公司员工，要想获得他们的评价，无法通过行政手段来强制，只能寄希望于他们主动、积极地参与。

八、大数据化的招聘应用

“大数据”在整个商业世界中扮演着越来越重要的角色，大数据获得热捧的背后，预示着商业战争将演变为数据战争，就像马云所宣称的我们已经进入数据时代，国内部分城市如广州、沈阳甚至成立大数据管理局。在数据时代，谁获得了最大规模、最有价值的数据，谁就将赢得整个互联网的未来。正如移动互联网从平台级应用开始走向垂直化一样，大数据势能也将从平台级企业向更多细分垂直领域释放，比如在线招聘、互联网医疗、在线教育、O2O 等。这些垂直领域都对“大数据”有着最为直观的需求。

信息技术的迅猛发展，特别是计算机应用的广泛普及，导致人才数据库及行为数据库规模不断扩大，每天都在以惊人的速度增长。大量的数据往往使人们无法辨别隐藏在其中、能对决策提供支持的信息。由于这些信息是动态的甚至是行为性的，传统的数据报表工具无法满足挖掘这些信息的需求，因此，需要一种新的数据分析技术既能处理海量数据，又能从对动态的数据进行持续跟踪和处理，并从中抽取有价值的潜在管理信息。

数据挖掘（Data Mining）是从数据集合中自动抽取隐藏在数据中的那些有用信息的非平凡过程，这些信息的表现形式为规则、概念、规律及模式等。数据挖掘技术利用分析工具从有噪声的、模糊的、随机的大量数据中，提取出隐含在内部的未知的，同时又有潜在作用的知识和信息，建立关系模型，并对其作出预测。在数据挖掘的众多技术中，分类挖掘技术是其核心之一。数据分类挖掘技术主要采用决策树方法，能够直接体现出数据的特点，具有很好的分类预测能力，能够方便地提取决策规则。目前存在多种决策树方法，可以对大规模数据集进行分类，比如 ID3 算法，就是以信息增益为选择分裂属性的标准来建立决策树，能够很好地解决离散型属性的问题。

随着大数据技术的广泛应用，企业人力资源管理乃至招聘管理中积累的大量有用数据，就成为宝贵的价值宝藏。在大数据技术应用之前，这些海量的数据，庞杂的关系往往使决策者迷失方向，根本无法了解和掌握海量数据中隐含的内在联系和管理价值。数据挖掘就是从这些海量的数据中提取隐含的、未知的知识和规则，通过对查询内容进行模式的总结和内在规律的搜索，可以有效地帮助决策者分析历史数据及当前数据，并从中发现隐藏的关系和模式，进而预测未来可能发生的行为，从而为决策行为提供有力的支持。而经过数据挖掘处理后，数据之间的关系被清楚地表示出来，成为供决策者进行决策的依据。

总而言之，在消费互联网全面深入地向产业互联网演变的过程中，全社会多领域都在经受着大数据浪潮的洗礼，人力资源管理领域也不能例外。商业智能工具帮助人力资源管理从单凭经验的模式逐步转向依靠事实数据的模式；人力测评由主观性强的单一专家进行测评转向构建数学模型依靠大数据处理技术进行测评；企业招聘过程也正朝着越来越依靠社交网络和大数据技术的方向发展。

（一）大数据招聘的主要特征

采用云计算技术是产生大数据的前提。用户在使用基于云计算技术构建的互联模式招聘信息系统时，通常会产生信息、行为、关系等三个层面的数据，这些数据不断地沉淀和积累，会达到海量级别。大数据化就是针对这些数据进行分析，帮助企业或管理者对员工招聘进行预测和决策。

大数据技术的战略意义不在于掌握庞大的数据信息，而在于对这些含有意义的数据进行专业化处理。比如淘宝日访问量巨大，可以根据用户经常访问的内容，判断该用户最感兴趣的产品，并将该类产品的相关信息自动推送给用户，从而通过大数据分析实现精准营销。

• 数量化分析：数据层应用是大数据分析的最基础应用。在招聘管理模式中，数量化应用基本分为两个层次：第一个层次是原始人才信息的海量收集和存储。在移动互联时代，招聘数据会来自很多方面，这些数据还是叠加的，同一个字段，可能会在每个时间点都会产生新的数据。传统模式的招聘系统根本无法处理这些海量数据，但现在借助新技术的发展，让海量数据的采集和分析变成现实。移动互联模式的招聘管理系统既可以实时采集这些海量招聘数据，也可以根据每条数据的产生时间进行节点判断，并通过大数据进行分析和评估。第二个层次是招聘结果的大数据分析，通过对招聘结果进行深入分析和评估，寻找招聘管理的优化方向，使招聘效率越来越高。

• 行为化分析：行为层应用是针对招聘管理模式中的非结构化信息进行大数据分析，判断员工的行为特征、能力结构和价值导向。比如通过员工访问招聘网站的次数和频率，可以判断其跳槽的倾向；对求职者访问招聘职位的次数和频率，可以判断其感兴趣的职业方向，从而有针对性地推荐相关职位；对招聘者访问人才的次数和频率，可以判断其急需招聘的人才类型，并有针对性地推荐相关人才。

• 关联化应用：关联化应用是将招聘管理系统和人力资源管理的其他模块乃至业务系统建立关联，比如招聘需求可以来自业务现状和策略分析，员工应聘成功后，可以同步更新其他业务系统的用户数据等。另外，通过对招聘中产生的大数据进行分析，还可以将结果应用于公司管理的其他方面，比如依据人才状况的大数据分析，对公司市场策略、产品策略乃至公司总体战略进行调整，以便公司更好地经营运作，提升企业的市场竞争力。

• 产品化应用：大数据分析也可应用于招聘系统自身的产品规划和功能改进。比如通过用户访问量、停留时间、操作次数的分析，判断哪些功能的使用率最高，这个功能就成为产品的亮点，需要确保资源持续优化和完善，为用户持续提供更好的操作体验；通过了解用户对哪些功能最感兴趣，哪些功能最不感兴趣，为下一步产品规划提供重要的参考资料；根据用户操作次数的统计分析，对产品操作流程进行更进一步的优化等。

（二）大数据在招聘业务中的应用

在大数据爆发的时代背景下，互联网企业开始重新审视自己的行业定位，将数据资源和数据价值提升到自己的核心战略中，并衍生出一系列新型服务和产品，而这种趋势还在继续迅速爆发中。当然招聘网站也结合大数据技术的特征，研发出一系列利用社交网络和大数据技术为企业和求职者提供招聘服务的产品，并相应地提供基于大数据挖掘、分析和应用的人力资源商业智能技术、人才素质测评大数据分析技术等。

人力资源商业智能主要解决通过数据对整个人力资源过程监控，对人力资源管理监控分析。它是商业智能在人力资源管理决策分析过程中有效应用的结果，是通过建立一套基于企业人力资源管理过程的分析模型，利用商业智能分析统计功能强大和展现形式丰富的特点，实现支持企业人力资源管理决策分析的分析系统。例如，某公司“软实力”的提升，对人力资源管理理念与管理能力提出了更高的要求，人力资源决策迫切需要从“经验 + 感觉”模式向“事实 + 数据”模式转型。

大数据最典型的应用场景是“推荐”。传统的简历推荐通常让招聘者设定一些条件，例如学历、工作年限、所属行业、期望薪酬等，系统根据这些条件的匹配度（其实是满足条件最多）把候选人排序，这种推荐的实质是搜索。根据心理学家的研究，候选人筛选是一个复杂过程，即使提前设定好硬性筛选条件，招聘者也难免因为综合考虑而放弃原本的坚持，此时大数据推荐就可以发挥价值。基于大数据的推荐算法是通过猜测招聘者筛选简历的原因来建立推荐模型，并且会随着招聘者不断进行筛选的动作来持续优化模型，再从人才库中推荐满足条件的候选人。招聘者的操作行为越多，招聘系统的推荐模型就越准确，从而通过人才挖掘来真正发挥人才数据库的价值，同时也能大幅降低招聘成本并提升招聘效率。

将大数据应用于招聘领域，可以更快地分析招聘中一些常见的问题，比如职位难招，中级职位要多久才能招到位，哪个渠道能提供更多的销售人才等。大数据将在招聘中产生的数据记录下来并形成量化的预测模型，从而快速找到答案并支持决策。举例来讲，当招聘者多次招聘某个职位后，再次招聘同一职位时，大数据算法可以根据招聘者的能力、面试官的响应速度、投放的渠道、市场中人才稀缺的程度等因素，预测招聘周期。招聘者可以对招聘职位有个全面深入的认识，不再被动地响应用人部门的需求。类似的大数据应用还会出现在渠道有效性分析、猎头能力分析、雇主品牌竞争力分析等方面。更有价值的是，当数据在更开放的行业环境中被共享时，招聘效果的预测将会更加准确。

深入挖掘并应用大数据，还可以发现招聘过程中的某些规律，并寻找优化招聘过程的契机。

随着人力资源管理日益成为企业生存关键的时候，人才测评作为人力资源管理的一项专门技术也越来越受到人们的重视。通过对目前国内外人才测评状况的了解得知，现在企业的人才测评大多处在单一的专家评估上面，明显带有强烈的主观性。为此，利用大数据技术对人才测评中的一些问题如求职者胜任特征、潜在人才分类及甄选等进行研究，改进以前算法中的一些不成熟的地方。大数据技术能从一些大型的人力资源数据库中找到隐藏在其中的信息，帮助决策人员找到数据间潜在的联系，从而有效地进行人才测评。

（三）基于大数据的招聘模式重构

传统招聘网站上的企业信息不透明，因为这些信息都是企业人力资源部门提供的，不够客观。如今人们能够通过网站发布与获得更多来自企业内部员工对企业的评价，更加真实可靠，是寻求信息对等和雇主与雇员之间信息沟通的渠道。代表企业有国外的 glassdoor、国内的分智等。它们都提供工龄、企业评价、评级、薪水报告、工作职位、面试问题、招聘启事等信息。这些信息都是各个公司的员工编写产生的，信息真实有效。

传统的招聘网站个人信息不透明，都是候选人自己编辑上传的文字，如今大数据技术可以实现从社交网络上来查询并深入挖掘候选人的信息，让企业更清晰地了解候选人的情况。此类中最具代表性的企业有 talentbin。talentbin 公司提供针对社交网络的职业搜索引擎服务，它收集应聘者在社交网络上的信息，整理编辑出一个以人为中心的数据库，想招聘某种人便可以去 talentbin 搜索。大数据时代，有效的数据收集和分析工具在人们获取数据时是至关重要的。

招聘过程的最根本诉求是解决企业职位与候选人之间匹配的问题，而大数据技术恰恰能更高效精准地完成这个匹配过程，并带来全新的在线招聘商业服务模式。

在线招聘商业模式的成功案例，可以参照 LinkedIn 的商业模式设计。在 LinkedIn 产品中，个人用户可以创建简历、关注公司职位信息、建立人脉联系、填写个人技能，还能够分享行业资讯信息等，而企业方则可以建立公司主页，购买付费产品发布招聘广告，搜索全站用户的档案并与之联系。用户建立人脉关系与分享资讯信息的同时，也在传递他们所属的商业圈子以及他们的价值理念，企业在创立企业主页的同时也在树立雇主品牌形象、树立求职者信心，使双方的形象更加立体化、具象化、情感化。这种商业模式，促使 LinkedIn 快速成长为全球最大的职业社交网站。

大数据处理技术的应用在全球范围内迅猛增长，推动整个社会进入了大数据时代。而大数据处理技术本身也将成为中国人力资源管理决胜的关键。以大数据技术为支撑的在线招聘产品和服务解决方案在全球范围赢得了迅猛的增长。人力资源行业企业通过出售经过处理分析的商业报告来获取直接的利益，以商品化的大数据应用创造了新的商业模式。

（四）基于大数据的应用逻辑

在应用大数据进行招聘分析时，需要对数据对象的集合进行分析。聚类就是将数据对象分组成为多个类或簇，同一个簇中的对象之间具有较高的相似度，而不同簇中的对象差别较大。基本过程是先进行数据标准化，再建立模糊相似矩阵，再根据所得到的模糊矩阵，改造成模糊等价矩阵。不同的招聘数据一般有不同的量纲，为了使不同量纲的量也能进行比较，需要对招聘数据作适当的变换。

大数据中基于关联规则是形如 $X \rightarrow Y$ 的蕴涵表达式，其中 X 和 Y 是不相交的项集。关联规则的强度可以用支持度和置信度度量来表示。

支持度确定规则可以用于给定数据集的频繁程度，而置信度确定 Y 包含 X 的事物中出现的频繁程度。在招聘管理中，可以使用关联规则分析人力资源规划与岗位设计之间的联系，并确定企业需要招聘什么样的人才。大数据中基于聚类分析的应用，根据在数据中发现的描述对象及其关系的信息，将数据对象分组。其目标是组内的对象相互之间是相似或相关的，而不同组中的对象是不同的。组内的相似性越大，组间差别就越大，聚类就越好。比如在人员招聘中，将人力资源看做是一个簇，则人员信息为多个子簇。将应聘者的不同信息进行分类，划分到某一个子簇，从而形成一个层次聚类，企业只需根据自己的职位需求在这个层次聚类中寻找自己所需的人才。

中国在线招聘市场可追溯到将近 20 年前。个人用户上传简历至招聘网站，企业用户在海量的个人简历中搜寻自己所需要的人才，人才供给方与需求方第一次通过互联网实现对接，在线招聘市场迎来爆发期，并产生海量数据。比如智联、中华英才网等行业中的玩家并不需要花费多大代价即能获得海量用户简历，并以此为资产吸引、对接更多的招聘方、猎头。在拥有海量数据以后，数据结构化和标准化就成为发展的重点，比如简历呈现方式、职业类型、所属行业等。

当然，海量的数据同时也会带来的简历轰炸与招聘低效。在越来越多企业和求职者疯狂涌向网络的同时，缺点也渐渐凸显出来。由于求职者投递简历的成本过低而导致的“简历轰炸”，以及个人信息造假严重等现象，也是海量数据中客观并且亟须解决的问题。

（五）大数据带来的招聘管理价值

招聘是一个比较缺乏数据的领域，人力资源管理者从未像现在这样需要用数据来支持自己的功能和证明自己的价值。数据时代大数据带来的管理价值主要集中在两个方面，既决策支持和团队绩效证明。决策支持方面，可以通过大数据对渠道招聘效果、面试官配合程度、人才稀缺性、薪资支付水平等进行更加科学合理的决策。在团队绩效方面，可以通过大数据对招聘进行深入全面的分析，比如招不到合适的人才时，以前大都归咎于招聘者的无能，人力资源管理部门背负着更大的责任，但如果深入分析原因，用大量数据证明该职位人才的稀缺性或特殊性，可以让招聘者拥有更大的话语权。

大数据虽然和互联网思维一样，已经处于泛滥的状态，但不可否认的是，在未来两年甚至五年里，互联网和软件业将被技术创新和应用激发出无限可能性。新事物总是容易被盲目炒作。大数据之所以流行，是因为它被各个行业寄予了太多希望，但现实中往往是实践太少，盲目畅想太多。在招聘领域也是一样。但无论如何，大数据必将成为人力资源管理乃至招聘管理最重要的发展方向，它将切实将招聘从黑箱中解救出来。

在传统的招聘模式中，要想获得大数据带来的管理价值会非常困难，人力资源管理者不得不正视多项瓶颈的制约，比如大部分组织的招聘团队仍处于极度缺乏数据，或者数据可用性很差的状况中；招聘团队无法获得大量的招聘数据，或者不具备大数据处理能力；企业招聘数据记录系统的安全性较低，可能导致重要招聘数据泄露；缺乏数据分析人才，即使有了数据，也无法有效规划和利用等。但在招聘进入移动互联时代后，随着社交化招聘的兴起和发展，这些现状都发生了翻天覆地的变化，招聘数据获取变得越来越容易，很多社交化招聘网站或者移动招聘 APP 应用本身就提供大数据分析工具，以前觉得很神秘很高大上的大数据，已经而且必将更深入地渗透到招聘管理的方方面面，从而确保企业都可以在招聘过程中应用好大数据，使人力资源招聘工作获得更高的效率以及产生更大的价值。

笔者认为，以社交为中心的社交化招聘，将是未来招聘管理最重要的发展形态，而以大数据为核心的招聘管理模式，将是聚才增值最重要的管理保障。

本章小结

本章从移动互联的角度来构建聚才增值的管理体系，尝试建立全新的招聘管理模式，帮助企业实现移动互联时代的招聘管理创新。

互联模式的聚才增值，核心是云计算、大数据化和社交化。通过云计算实现多象限化的组织生态、导航化的招聘指引、智能化的人才筛选、互联化的招聘协作、视频化的即时招聘等，通过社交化实现的招聘评价、云端化的招聘数据共享等，通过大数据实现人肉化的背景调查、大数据化的招聘应用等。

参考文献

1. 彭剑锋主编．人力资源管理概论［M］．上海：复旦大学出版社，2003

2. 姚裕群主编．人力资源开发与管理［M］．北京：中国人民大学出版社，2011

3. 陈谏，黄树辉，陈晶晶．理才布局——人力资源规划［M］．北京：电子工业出版社，2014

4. 黄树辉．HR新生代：重塑人力资源管理［M］．北京：机械工业出版社，2013

5. 姚宏宇，田溯宁．云计算：大数据时代的系统工程［M］．北京：电子工业出版社，2013

6.（美）伊恩·艾瑞斯．大数据思维与决策［M］．宫相真译，北京：人民邮电出版社，2014

7.（美）宾汉姆·康纳．新社会化学习：通过社交媒体促进组织转型［M］．邱昭良等译，南京：江苏人民出版社，2014